生态透水铺装技术在海绵城市建设中的应用

程 娟 著

东南大学出版社
SOUTHEAST UNIVERSITY PRESS
南京

内容提要

海绵城市建设是现今城市建设的主流,透水铺装在海绵城市建设中起到源头减排作用,其技术及应用对海绵城市的建设起到一定的推动作用。本书内容主要包括海绵城市建设,透水铺装材料设计、制备及性能试验研究,透水铺装技术在浙中地区的应用研究,透水铺装技术在工厂建设中的应用,透水铺装技术在公园景观中的应用,透水铺装技术在住宅小区中的应用,透水铺装技术在城市道路中的应用,透水铺装技术在校园中的应用,透水铺装的推广及展望等。

本书内容由理论研究、性能试验到实践案例,厘清透水铺装技术从理论到实践的历程,内附现场照片,书中内容简明客观、通俗易懂。本书可作为高等院校建筑类专业师生的参考用书,也可作为工程业界相关岗位业务学习的参考用书。

图书在版编目(CIP)数据

生态透水铺装技术在海绵城市建设中的应用 / 程娟著. — 南京:东南大学出版社,2021.3
 ISBN 978-7-5641-9461-1

Ⅰ.①生… Ⅱ.①程… Ⅲ.①透水路面—路面铺装—研究 Ⅳ.①U416.25

中国版本图书馆 CIP 数据核字(2021)第 035780 号

生态透水铺装技术在海绵城市建设中的应用

著　　者:程　娟
责任编辑:杨　凡(34345751@qq.com)
出版发行:东南大学出版社
社　　址:南京市四牌楼 2 号　邮编:210096
网　　址:http://www.seupress.com
出 版 人:江建中
经　　销:全国各地新华书店
印　　刷:兴化印刷有限责任公司
排　　版:南京布克文化发展有限公司
开　　本:700 mm×1000 mm　1/16
印　　张:11
字　　数:236 千字
版　　次:2021 年 3 月第 1 版
印　　次:2021 年 3 月第 1 次印刷
书　　号:978-7-5641-9461-1
定　　价:59.00 元

本社图书若有印装质量问题,请直接与营销部联系,电话:025-83791830。

前言

海绵城市建设是现今城市建设的主流,透水铺装在海绵城市建设中起到源头减排作用,其技术及应用对海绵城市的建设起到一定的推动作用。海绵城市的建设让我们和环境更好地相融,浙江省更是提出"建设城市大花园"的方向。

由于现今关于透水铺装技术及应用方面的研究多以论文为主,涉及的内容较为零散,缺少技术理论和应用实践结合的书籍。本书作者对透水铺装技术进行研究并关注其应用,搜集整理相关资料十余年,积累了较为丰富的实践经验。为更好厘清透水铺装从理论研究到技术应用的历程,作者立足浙中地区,结合相关政策及文件,聚焦透水铺装技术及应用,通过本书的阐述,为读者较为全面地展示透水铺装技术在海绵城市建设中的应用。

全书共分九章,内容主要包括海绵城市建设是现今城市建设的主流,透水铺装在海绵城市建设中起到源头减排作用,其技术及应用对海绵城市的建设起到一定的推动作用。本书内容主要包括海绵城市建设,透水铺装材料设计、制备及性能试验研究,透水铺装技术在浙中地区的应用研究,透水铺装技术在工厂建设中的应用,透水铺装技术在公园景观中的应用,透水铺装技术在住宅小区中的应用,透水铺装技术在城市道路中的应用,透水铺装技术在校园中的应用,透水铺装的推广及展望等。本书从透水铺装技术的理论到试验性能研究再到实践应用,形成透水铺装技术从理论到实践的历程。本书立足浙中地区,以透水铺装技术应用在不同情境中的案例形成真实场景。案例的加入不仅能客观反映透水铺装应用的可操作性,同时展示透水铺装应用的普遍性。案例陈述过程中本着实事求是的原则,不夸张不隐瞒,就事论事,发现问题并提出问题,不仅有助于读者加深理解本书内容,还能进一步引导读者思考透水铺装技术及应用的进一步发展。

本书可作为高等院校建筑类专业师生的参考用书,也可作为工程业界设计师、咨询工程师、监理工程师、建造师、造价师、建筑企业高级管理人员等的参考用书,还可用于工程技术人员继续教育。

由于作者在写作过程中资源有限,文笔水平有限,本书不足乃至谬误之处在所难免,恳请广大读者批评指正。

程 娟
于浙江广厦建设职业技术大学

目录

第一章　海绵城市建设 …………………………………………… 1
　第一节　海绵城市建设的背景及意义 ………………………… 1
　第二节　生态透水铺装在我国的应用现状及发展趋势 ……… 2
　　　一、生态透水铺装介绍 ……………………………………… 4
　　　二、国外生态透水铺装的研究和应用现状 ………………… 5
　　　三、我国使用透水砼的必要性以及目前使用情况 ………… 6
　　　四、生态透水铺装的未来发展趋势 ………………………… 7

第二章　透水铺装材料设计、制备及性能试验研究 …………… 10
　第一节　透水混凝土配合比设计 ……………………………… 10
　　　一、透水混凝土配合比设计 ………………………………… 11
　　　二、体积法的步骤及实例 …………………………………… 11
　　　三、试验原材料 ……………………………………………… 16
　　　四、试验方案设计 …………………………………………… 17
　　　五、试验数据及结论 ………………………………………… 26
　第二节　水灰比在透水混凝土配合比设计中的作用 ………… 26
　　　一、水灰比对确定透水混凝土透水性方面的作用 ………… 27
　　　二、水灰比对透水混凝土强度的作用 ……………………… 28
　第三节　搅拌方式及成型工艺对透水混凝土性能的影响 …… 31
　　　一、试验方法与原材料 ……………………………………… 32
　　　二、搅拌方法的影响 ………………………………………… 32
　　　三、成型工艺的影响 ………………………………………… 33
　第四节　外掺料对透水混凝土性能的影响 …………………… 36
　　　一、试验方法与原理 ………………………………………… 36
　　　二、试验结果与分析 ………………………………………… 37

第五节 透水混凝土的孔隙率与透水系数关系的探讨 …… 44
一、孔隙率与透水系数的关系 …… 44
二、7 d与28 d透水系数的关系 …… 45

第六节 道路透水混凝土铺装试验研究 …… 46
一、透水混凝土道路试验方案及施工 …… 47
二、透水混凝土路面性能测试 …… 48

第七节 透水砖的试验研究及研制 …… 54
一、产品性能主要指标 …… 54
二、透水砖的构造形式与配合比 …… 56
三、透水砖的制备与制备工艺 …… 56
四、产品性能测试结果 …… 57

第三章 透水铺装技术在浙中地区的应用研究 …… 60
第一节 浙中地区铺装现状 …… 60
一、浙中地区地域特点和发展概况 …… 60
二、浙中地区既有铺装及其存在的主要问题 …… 61

第二节 浙中地区发展透水铺装的必要性和探索 …… 62
一、浙中地区发展海绵城市的途径 …… 62
二、浙中地区海绵示范区的海绵体构造 …… 65
三、透水铺装的作用 …… 65

第三节 透水铺装技术 …… 67
一、透水混凝土路面技术 …… 67
二、透水砖路面技术 …… 72

第四章 透水铺装技术在工厂建设中的应用 …… 74
第一节 海绵城市配套新型建材产业园 …… 74
一、园区透水铺装概况 …… 74
二、工程特色：雨水的收集利用 …… 75
三、透水砖生产 …… 78

第二节 同力服装厂 …… 81
一、公司概况 …… 81
二、人行区 …… 82
三、广场区 …… 84
四、连廊 …… 85
五、生活区 …… 85

  六、运动区（篮球场、羽毛球场） 87
  七、不同单体的入口 88
  八、幽静小路 89
  九、透水混凝土铺装的分区 90
  十、表面防护剂 91
  十一、下部透水管道的设置 92

第五章　透水铺装技术在公园景观中的应用 95
第一节　燕尾洲公园 95
  一、公园介绍 95
  二、公园道路的透水铺装 96
第二节　浦江部分景点案例 101
  一、浦阳江城区段生活治理工程 102
  二、浦江翠湖湿地公园 105
第三节　金华毅行部分景点 108
  一、鹿女湖畔的透水铺装 108
  二、金华双龙电站 109
  三、双龙水库栈道 111
第四节　其他公园景观案例 113
  一、婺州公园 113
  二、兰溪扬子江公园 114
  三、金华之光文化广场 116

第六章　透水铺装技术在住宅小区中的应用 118
第一节　概述 118
第二节　金华山前庄头安置小区建设工程（棚改项目） 118
  一、项目概况 118
  二、项目施工情况介绍 120
  三、工程特色 123

第七章　透水铺装技术在城市道路中的应用 131
第一节　金华东阳街人行道提升改造工程 132
第二节　义乌欧意电器北公交站附近阳光大道路段 136
第三节　东阳部分人行道提升改造工程 137
  一、东阳陈宅街公园附近人行道路 137
  二、东阳同力服装厂附近道路 137

第四节　金华义乌街人行道提升工程 ············ 138

第八章　透水铺装技术在校园中的应用 ············ 143
　　第一节　概述 ············ 143
　　第二节　湖门幼儿园 ············ 144

第九章　透水铺装的推广及展望 ············ 149
　　第一节　透水铺装的推广 ············ 149
　　　　一、相关的主要文件 ············ 149
　　　　二、作为指标考量进行推广 ············ 152
　　　　三、技术支持 ············ 154
　　第二节　透水铺装的展望 ············ 155
　　　　一、透水混凝土铺装的主要存在问题 ············ 155
　　　　二、展望 ············ 160

参考文献 ············ 163
后　记 ············ 167

第一章 海绵城市建设

第一节 海绵城市建设的背景及意义

在《2012低碳城市与区域发展科技论坛》中,"海绵城市"理念初次提出;2013年12月12日,习近平总书记在《中央城镇化工作会议》的讲话中强调:"提升城市排水系统时要优先考虑把有限的雨水留下来,优先考虑更多利用自然力量排水,建设自然存积、自然渗透、自然净化的海绵城市"。海绵城市建设遵照生态优先,将天然途径与人工方法结合,在确保城市排水防涝安全的前提下,最大限度地实现雨水在城市区域的积蓄、浸透和净化,促成雨水资源的应用和生态环境维护。需要特别指出的是:"海绵城市"的建设不是推倒重来取代传统排水系统,而是对传统排水系统的一种"减负"和增补,最大水平施展城市自身作用。海绵城市建立的目标核心是使80%的降雨就地消纳和使用。围绕这一目标确定的时间表是到2020年20%的城市建成区达到这一要求。譬如,一个城市建成区若有100平方公里,至少有20平方公里在2020年要达到这一要求。到2030年,80%的城市建成区要达到这个要求。从表1-1可知,随着地面的透水性降低,地表径流的量急剧增加,雨水无论在地下浅层还是深层的渗透量都明显降低,但对雨水的蒸发量影响不是很明显。可见,要减少地表径流、增加雨水在地下的渗透量,就应该提高地面的透水性。采用透水铺装明显会使雨水充沛地区就地消纳和使用。

"海绵城市"指城市能够像海绵一样,在适应环境变化和应对自然灾害等方面具有良好的"弹性",下雨时吸水、蓄水、渗水、净水,需要时将蓄存的雨水"释放"并加以利用,实现雨水由"快速排除""末端集中""收纳治污"向"慢排缓释""源头分散""自然净化"转变。海绵城市建设要统筹有序建设,统筹推进新老城区海绵城市建设,推进海绵型建筑和相关基础设施建设,推进公园绿地建设和自然生态修复。从2015年起,全国各城市新区、各类园区、成片开发区要全面落实海绵城市建设要求。老城区要结合城镇棚户区和城乡危房改造、老旧小区有机更新等,以解决城市内涝、雨水收集利用、黑臭水体治理为突破口,推进区域整体治理,逐步实现小雨不积水、大雨不内涝、水体不黑臭、热岛有缓解。

表1-1 不同路面情况对雨水去向的影响

地面类型	雨水去向			
	蒸发/%	径流/%	地下浅层渗透/%	地下深层渗透/%
自然地面	40	20	25	25
20%不透水地面	38	20	21	21
50%不透水地面	35	30	20	15
100%不透水地面	30	55	10	5

海绵城市建设体现"与环境共生"顺应"低碳—生态"的城市规划建设理念,能较好地提高我国城镇化质量和生态文明建设水平。目前我国海绵城市建设处在起步阶段。透水混凝土是一种环境效益和社会效益并存的环保生态型的道路材料,其特性符合海绵城市的发展理念:顺应自然、与环境共生的低影响发展模式。可渗透路面为改变传统城市建设理念提供了一条途径,未来应该加强透水混凝土材料性能的研究,改进生产工艺,使之更广泛地应用于城市建设,达到低影响开发(LID)的目的,使城市能够弹性适应环境变化与自然灾害,实现资源和环境协调发展。

2015年10月,国务院办公厅印发了《关于推进海绵城市建设的指导意见》(国办发〔2015〕75号),文件指出,海绵城市是指通过加强城市规划建设管理,充分发挥建筑、道路和绿地、水系等生态系统对雨水的吸纳、蓄渗和缓释作用,有效控制雨水径流,实现自然积存、自然渗透、自然净化的城市发展方式。

建海绵城市就要有"海绵体"。城市"海绵体"既包括河、湖、池塘等水系,也包括绿地、花园、可渗透路面这样的城市配套设施。生态透水铺装属于城市配套设施中的可渗透路面,本书主要对海绵城市建设中透水铺装技术及应用进行研究。

第二节 生态透水铺装在我国的应用现状及发展趋势

近年来,随着全球变暖、臭氧层破坏和生态平衡系统破坏问题的加重,人们的环保意识增强。保护地球环境，维持生态平衡，寻求与自然的和谐发展，走可持续发展的道路成为人们共同关心的问题。

在城市化建设中，现代化城市的地表逐步被建筑物和混凝土等阻水材料硬化覆盖，形成了生态学上的"人造沙漠"。首先，传统的地面铺装强调的是地面的坚固耐用及使用性，但此种路面铺装的不透水性将宝贵的自然降水完全与下层土壤及地下水阻断，降水大部分通过城市排水系统管网排入江河湖海等地表水源中，加之城市地下水的过量抽取，导致城市地下水位越来越低，形成了地质学上的"漏斗型"地下水位，引发地面下降，沿海地区还会导致海水倒灌，这就严重影响了雨水的有效利用。同时，不透水地面铺装降雨时雨水是先通过地面的排水坡度或地表明沟排入下水道，雨水在进入下水道前要经过较长距离的地表径流才能进入城市地下排水系统。该过程使最初相对清洁的雨水溶入大量的城市地表污染物，这种径流过程中产生的二次污染，通过城市排水系统进入周围地表自然水体，加重了自然水体的污染程度，影响了城市地表植物的生长，破坏了城市地表生态平衡。其次，这种表面致密的地面铺装不利于缓解城市的噪声污染，主要是来自路面交通产生的噪音；在雨天由于不能及时排水，造成路面积水，使雨天行车产生"漂滑""飞溅""夜间眩光"等现象，给行人出行和车辆行驶带来不便。另外，这种不透水的铺装与周围城市建筑共同作用，会增加城市的"热岛效应"。还有，由于它的色彩灰暗，缺乏生机，现代的城市也被称为"灰色的热岛"。

由以上的分析可见，现在需要一种能满足路用性能，同时又能与自然环境协调共生，为人类构造舒适生活环境的路面铺装材料。

目前，生态透水铺装主要包含生态透水混凝土铺装和生态透水混凝土砖铺装。生态透水混凝土又称排水混凝土，是由小石子、高标号混凝土、掺和透水外加剂、水、彩色强化剂以及稳定剂等经一定比例调配拌制而成的一种多孔轻质的新型环保地面铺装材料。它是用粗骨料表面包裹着一层薄浆料相互粘结成蜂窝状，能让雨水流入地下，有效补充地下水；并能有效地消除地面上的油类化合物等对环境污染的危害；且色彩缤纷，易与景观融合，使城市环境建设更加和谐是保护自然、维护生态平衡、能缓解城市热岛效应的优良的透水地坪材料。在城市雨水管理与水污染防治等工作上，具有极其深远的意义，有利于人类生存环境的良性发展。生态透水砖主要采用粗骨料作为原料加入水泥和胶性外加剂使其透水速度和强度都能满足城市路面的需要，砖体本身布满透水孔洞，是渗水性比较好的路面砖，雨水会从砖体中的微小孔洞中流向地下。

本书所讲的透水铺装，是指"生态透水铺装"，无论是生态透水混凝土还是生态透水砖，其胶结材均以无机胶凝材料水泥为主。本书后面部分对"生态透水铺装"简称"透水铺装",对"生态透水混凝土"简称"透水混凝土"或"透水砼",对"生态透水混凝土砖"简称"透水砖"。

一、生态透水铺装介绍

透水混凝土是采用特殊级配的骨料及成型工艺制作的具有连通孔隙的混凝土。混凝土的配比特点是采用单粒级粗骨料作为骨架,水泥净浆或加入少量细骨料的砂浆薄层包裹在粗骨料颗粒的表面,作为骨料颗粒之间的胶结层,形成骨架—空隙结构的多孔混凝土材料,其结构模型如图1-1所示。由图1-1可以看出,透水性混凝土是粗骨料颗粒间通过硬化的水泥浆薄层胶结而成的多孔堆聚结构,内部含有较多的孔隙,且多为直径超过1 mm的大孔,因此具有良好的透水性,但同时强度比普通混凝土低很多。透水性混凝土的主要特征是大孔隙率,它主要由三部分组成:第一相由粗集料组成,在材料中非连续分布;第二相由水泥—外掺料浆体组成,在材料中连续分布,浆体形成基体,粗集料埋置其中,浆体在集料周围形成一薄层(厚度0.5~1 mm),并以"桥"的形式将集料连接成一体;第三相由一些大的孔隙组成,并通过材料彼此连接。这些孔隙形成第二个基体,与水泥—外掺料结合形成双基体。根据结构模型可知,透水性混凝土受力时通过骨料之间的胶结点传递力的作用,由于骨料本身的强度较高,水泥凝胶层很薄,水泥凝胶体与粗骨料界面之间的胶结面积小,因此其破坏特征是骨料颗粒之间的连接点处破坏。因此在保证一定孔隙率的前提下,增加胶结点的数量和面积,提高胶结层的强度是提高透水性混凝土强度的关键。

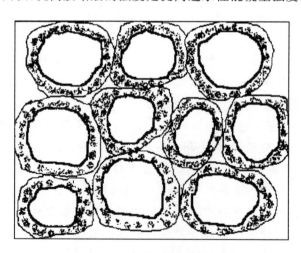

图1-1 透水混凝土的结构模型

透水混凝土是一种生态型环保混凝土。它是一种经过特殊工艺制成的具有连续孔隙的混凝土。它既有一定的强度，又具有一定的透气透水性，可以很好地缓解不透水铺装对环境造成的影响。与不透水的路面相比，透水性路面具有诸多生态方面的优点，具体表现在以下几方面：

（1）雨水能够迅速地渗入地表，还原成地下水，使地下水资源得到及时补充。

（2）提高地表的透气、透水性，保持土壤湿度，改善城市地表生态平衡。

（3）吸收车辆行驶时产生的噪声，创造安静舒适的交通环境。雨天能防止路面积水和夜间反光，改善车辆行驶以及行人行走的舒适性与安全性。

（4）透水性路面材料具有较大的孔隙率，能蓄积较多的热量，有利于调节城市地表的温度和湿度，消除热岛现象。

透水砖是采用特殊级配集料、水泥、胶结剂和水等经特定工艺制成的。因集料级配特殊，故混凝土中含大量的连通孔隙，在下雨或路面积水时，水能沿这些贯通的"线路"顺利地渗入地下或存于路基中。

二、国外生态透水铺装的研究和应用现状

由于透水铺装路面材料具有以上诸多生态方面的优良优点，在人类寻求与自然协调、维护生态平衡和可持续发展的思想指导下，欧美、日本等一些发达国家从20世纪80年代开始研发透水性路面材料，并将其应用于广场、步行街、道路两侧和中央隔离带、公园内道路以及停车场等，增加城市的透水、透气空间，对调节城市微气候、保持生态平衡起到了良好的效果。图1-2、图1-3是透水砼铺装在人行道、停车场的应用。以日本、美国为代表的国家是世界上透水性混凝土路面材料研究与应用较为先进的国家和地区。在这些国家，高强型透水性混凝土的研究与应用也走在世界前列。

图1-2　透水砼铺装用于人行道

图 1-3　透水砼铺装用于停车场

在透水铺装研究和应用领域,最初的出发点是着眼于防滑性的改善,采用细粒度的多孔沥青混凝土面层铺装。美国于 1930 年开始使用厚度为 16～19 mm 的薄层多孔混凝土铺装,70 年代达到鼎盛时期。日本 1960 年开始采用多孔沥青混凝土铺装施工。在欧洲,以奥地利为主从 1970 年代进行了透水性铺装的试点性施工。

透水性水泥混凝土路面材料的应用不仅改善了道路的防滑性,而且在增加城市的透水、透气空间,对调节城市微气候,保持生态平衡起到了良好的效果,其开发和应用研究成为近年来世界各国土木建筑界的热点课题。特别是在日本,2002 年的国土交通省的白皮书中作为一项政策对包含透水性铺装等的环境共生设施实施补助。全日本已有多处实际工程采用了透水性混凝土铺装,许多企业和研究单位申请了多项专利。日本混凝土学会在已进行的研究基础上,于 2001 年设立了专门的研究委员会。德国也进行了系统的专门研究并实施了试点性工程。

德国从 20 世纪 60 年代起就采用透水砖材料铺装路面,并致力于不透水路面的改造,在 2010 年已经把全国城市 90% 的路面改造为透水砖路面。日本东京建设局早在 1973 年就建立了 3 个人行道透水铺面的试验区,到 1999 年已累计完成 1 000 万 m^2 的施工面积,日本透水砖目前已形成严格的企业标准。同时,美国等国也制定了推广透水性路面的相关法规,取得了较大成效。

三、我国使用透水砼的必要性以及目前使用情况

随着我国经济的发展和城市建设步伐的加快,现代城市的地表逐步被建筑物和混凝土路面覆盖。便捷的交通设施、平整铺设的道路给人们的出行带来了极大的方便,但这些不透水的路面也给城市的生态环境带来诸多负面的影响。

由于混凝土铺筑的路面缺乏透水性和透气性，雨水不能渗入地下，致使地表植物由于严重缺水而难以正常生长；不透气的路面很难与空气进行热量、水分的交换，缺乏对城市地表温度、湿度的调节能力，产生所谓的"热岛现象"。此外，不透水的道路表面容易积水，降低道路的舒适性和安全性。当短时间内集中降雨时，雨水只能通过下水设施排入河流，大大加重了排水设施的负担。

我国是人口众多、自然水资源相对缺乏的国家。现代化的发展需抽取大量地下水，而补充地下水的地表面日益被不透水材料所覆盖。因此，开发环保透水性混凝土是时代发展的必然趋势。透水性混凝土具有渗透水分、激活地表、调节生态、保护环境的功能。发达国家从20世纪70年代初就开始研究以水泥作为胶凝材料的透水性混凝土。

1999年，佛山市乐华陶瓷有限公司（中外合资）发明了一种透水砖并申请了专利。北京市颁发了建设项目实行"节水三同时"的规定，明确要求采用透水性材料铺装路面，同时对雨水利用改造项目给予补助。我国主管部门正式颁布了《透水砖》行业标准（JC/T 945—2005），自2005年7月1日起正式实施，并在《绿色建筑评价标准》（GB/T 50378—2006）中明确规定了住宅和公共建筑室外透水地面面积比应分别不小于45%、40%。随着国家对海绵城市建设的进一步推广，各地砖厂纷纷转型生产透水砖。目前，透水砖的生产厂家在国内相继出现，其产品在绿色奥运场馆、绿色生态建筑中被积极采用，但总体而言，透水性铺装地面在国内还未广泛应用。

随着我国国民经济的发展，越来越多的高等级道路已建成通路，今后将会有更大量的高等级道路投入修建。由于设计车速提高，轴载不断增大，因此对路面设计提出了新要求。为保证高速交通在高速、安全、经济、舒适四方面的功能要求而发展起来的道路表面特性的内容已由最初的平整度、滑溜扩展为车辙、裂辙、噪音、反光等特性。而路面积水对高速行车危害极大。1990年以来，国内对透水性混凝土路面材料开始进行研究，随着国家对海绵城市的不断推进，透水铺装作为海绵城市的"小海绵体"，到目前已在人行道、广场、工厂、停车场等达到实际应用的程度，在材料组成和性能、材料性能的检验和控制方法等方面研究的系统性及深入性上亟待提高。虽然透水铺装在使用过程中已经让人体会到对雨水的收集及"不湿脚"等（见图1-4，图1-5），但透水铺装对降噪及热岛效应缓解等的作用，仍有待透水铺装面积的推广以便更好感受。

四、生态透水铺装的未来发展趋势

近年来混凝土作为功能材料越来越受到重视，尤其是1995年日本混凝土工学协会提出了生态混凝土（Environmentally Friendly Concrete/Eco-concrete）

非透水性铺装

透水性铺装

图1-4 铺装断面示意图

的概念。大孔混凝土作为生态混凝土的重要品种,利用其透水性可以制作透水混凝土路面、绿化混凝土、污水净化材料及吸声材料,将对改善生态环境产生明显作用。随着大孔混凝土研究开发的日益广泛深入,我国必然要在大孔混凝土的标准中规定透水性指标和制定标准的试验方法。

  透水性路面铺装技术,可将其应用于广场、步行街、道路两侧和中央隔离带、公园内道路以及停车场等,增加城市的透水、透气空间,对调节城市微气候、保持生态平衡起到了良好的效果。通过改变表层骨料种类、粒径的大小和色彩可用于道路的景观创意设计。在公路、铁路、水工建筑物中,可用无砂混凝土作为透水的渗沟、渗井、大坝、挡墙、路面结构、桥涵台等需要排水或反滤的结构,

非透水性铺装

透水性铺装

图 1-5　雨中铺装效果比较

以代替施工复杂的反滤层和渗水结构,并可承受适当的荷载,具有透水性和过滤性好、施工简便、省料等优点。

当今社会,可持续性发展是各行业普遍重视的课题,对于建筑、建材行业也不例外。建筑材料是建筑工程的物质基础,我们对于建筑的可持续发展研究,首先必须考虑建筑材料的可持续发展。透水混凝土和透水砖的强度和透水系数均较好,而且成本较低,工艺简单,具有投资开发性。透水混凝土作为生态混凝土的重要成员,对生态环境的贡献会越来越大,应用范围也会越来越广泛。随着时代的进步,人类要寻求自然和谐、可持续发展之路,透水混凝土在不久的将来会在我国得到大量的应用,这是时代的要求,也是混凝土材料发展的必然趋势。

近年来,国家不断推进海绵城市建设,浙江省又进一步推出"大花园建设"的行动计划,透水铺装作为海绵城市建设中可塑性强且易于形成一定规模的主要"海绵体",其应用推广势在必行。

第二章 透水铺装材料设计、制备及性能试验研究

第一节 透水混凝土配合比设计

与普通混凝土不同,透水混凝土配合比设计时,首先考虑的是孔隙率(填浆量)。一般以骨料被浆体包裹,没有较多水泥浆流出为恰当,常见方法有质量法、体积法和比表面积法。

质量法是利用经验图表,迅速计算出各材料用量,可简化配比设计计算,易于现场拌和施工;体积法是以原有粗骨料孔隙率为基础,依据目标孔隙率经过详细计算,以控制填浆体积,利于掌握拌和完成后的孔隙率特性;比表面积法主要以骨料的表面积乘以浆体厚度,得出填浆量。

上述几种透水混凝土配合比设计方法的优缺点比较见表 2-1。

表 2-1 各种配合比设计的优缺点

配合比法	优点	缺点
质量法	简化配比设计计算,易于现场拌和施工	填浆量大小没有可供依循的目标
体积法	控制填浆体积,有助于目标孔隙率计算	填浆量增大时,实测孔隙率与目标孔隙率落差增大
比表面积法	与传统混凝土骨料由浆体包裹的理论相符	必须先计算各骨料比表面积,浆膜厚度需试验多次

根据透水混凝土的结构特点,为了更好地与工程实际相结合,优化配合比方案,本研究采用了体积法。

体积法的基本思路类似碾压混凝土的填充包裹理论。碾压混凝土由液相变为固相的理想条件是:砂的空隙恰好被水泥浆所填充;石子的空隙又恰好被

砂浆所填充,凝固后形成坚固的密实整体。

根据透水混凝土所要求的孔隙率和透水的特性,可以将这个理想条件改为:集料在紧密堆积的情况下,被水泥等胶结材均匀地包裹黏结在一起,凝固后形成了多孔堆聚的结构,其剩余的空隙变成了混凝土内部连通的孔隙。透水混凝土配合比参数主要有强度、目标孔隙率、水灰比等。

一、透水混凝土配合比设计

透水混凝土采用体积法进行配合比设计,和普通混凝土存在的不同之处主要是:

首先,透水混凝土一般是采用单一粒径的粗骨料,几乎不掺细集料,所以设计时就没必要考虑砂率的问题。集料的用量基本只要考虑集料的紧密堆积密度即可。

其次,由于透水混凝土的强度受孔隙率影响很大,所以配合比设计的关键是确定水泥的用量或水灰比值。

最后,配合比设计时,要兼顾强度和孔隙率。

根据透水混凝土所要求的孔隙率和结构特征,可以认为 1 m³ 混凝土的表观体积由骨料堆积而成。因此配合比设计的原则是将骨料颗粒表面用水泥浆包裹,并将骨料颗粒互相黏结起来,形成一个整体。1 m³ 透水混凝土的重量应为骨料的紧密堆积密度和单方水泥用量及用水量之和,大约在 1 800~2 100 kg 的范围之内。根据这个原则,可以初步确定透水混凝土的配比。

二、体积法的步骤及实例

1. 体积法的步骤

采用体积法进行透水混凝土配合比设计的关键是对主要参数的确定。

(1) 粗骨料在紧密堆积状态下的空隙率及用量

测得自然状态下粗骨料紧密堆积密度 ρ_0'、表观密度 ρ_0,从而求得粗骨料的空隙率 P。每立方米混凝土中粗骨料的用量为紧密堆积状态下的质量,考虑到实际情况一般乘以折减系数(取 0.98)。

(2) 目标孔隙率

透水混凝土目标孔隙率的确定根据实际使用要求来确定,主要是满足透水性能要求。透水要求高则该值偏大,同时还要结合强度要求进行设定。

实测孔隙率往往由于种种因素与目标孔隙率之间有一定差别。透水混凝土中的孔隙有三种:一是封闭的孔隙;二是开口但不连续的孔隙,这两种孔隙的过多存在对混凝土的透水性是不利的;三是贯穿混凝土且连续的有效孔隙,它的存在是透水混凝土透水性的保证。本书所测定的孔隙率是有效孔隙率。

（3）水灰比

水灰比必须要严格控制。水灰比既影响透水混凝土的强度，又影响其透水性。对不同粒径、不同颗粒形状的骨料，其合理水灰比不同。如果水灰比太小，水泥浆则过稠，水泥浆较难均匀地包裹在粗骨料颗粒表面，不利于强度的提高。如果水灰比过大，水泥浆则过稀，水泥浆又会从骨料颗粒表面滑下，包裹粗骨料颗粒表面水泥浆过薄，不利于强度的提高，同时由于水泥浆流动性过大，水泥浆可能把透水孔隙部分或全部堵实，既不利于透水，也不利于整体强度的提高。合适的水灰比能使得混凝土拌和物有金属光泽，而不会积聚在集料下面。

本试验中最佳水灰比在不同阶段采用不同的确定方法：

观察阶段，在最初进行透水混凝土的试拌与调整时，根据经验来判定水灰比是否合适。取适量拌和好的混凝土拌和物进行观察，如果水泥浆在骨料颗粒表面包裹均匀，没有水泥浆下滴现象，而且颗粒有类似金属的光泽，则说明水灰比较为合适。然后以该水灰比为最佳水灰比，进行水泥胶砂流动度试验。以该水灰比状态下的水泥胶砂流动度为标准，其他水灰比的胶结材通过加入一定量减水剂的方式以达到相同的流动度。

重要指标阶段，在配合比已经确定后，在骨料、水泥用量一定的情况下，从小到大选定几组不同的水灰比分别拌制混凝土，通过试验分别测出其抗压强度，绘制出水灰比曲线，求出最大强度所对应的水灰比，即为最佳水灰比。本试验在确定最终能满足研究目的的最佳水灰比时采用此法。

2. 初步配合比设计

为了更好地说明体积法进行透水混凝土配合比设计的过程，现举例如下。

如已知石子的紧密堆积密度为 1 493 kg/m³，每立方米混凝土中粗骨料的用量为紧密堆积状态下的质量，考虑到实际情况一般乘以折减系数（取 0.98）。石子的空隙率为 $V=44.73\%$，取透水混凝土的目标孔隙率 $P=15\%$，则有：

1 m³ 混凝土中石子的质量为 $m_g = 1 \times 1\,493 \times 98\% = 1\,463.14$ kg

$$V_{水泥+水} = 1000 \times (V-P) = 1000 \times (44.73\% - 15\%)$$
$$= 1000 \times 29.73\% = 297.3 \text{ L}$$

即 $\dfrac{m_c}{\rho_c} + \dfrac{m_w}{\rho_w} = 297.3$

取 $\rho_c = 3.1$ g/m³，$\rho_w = 1.0$ g/m³，则有 $\dfrac{m_c}{3.1} + \dfrac{m_w}{1.0} = 297.3$

分别取 $w/c = 0.20$、0.25、0.30、0.35、0.40、0.45 可得材料用量分别如

表 2-2 所示。同理,可得目标孔隙率为 20%、25% 时的初步配合比(见表 2-2)。

表 2-2 初步配合比

目标孔隙率/%	w/c	0.20	0.25	0.30	0.35	0.40	0.45
15	m_c/(kg/m³)	569	519	478	442	411	385
	m_w/(kg/m³)	114	130	143	155	165	173
	G/C	2.57	2.82	3.06	3.31	3.56	3.80
	m_g/(kg/m³)	1 463					
20	m_c/(kg/m³)	473	432	398	368	342	320
	m_w/(kg/m³)	95	108	119	129	137	144
	G/C	3.09	3.39	3.68	3.98	4.28	4.57
	m_g/(kg/m³)	1 463					
25	m_c/(kg/m³)	/	345	317	293	273	/
	m_w/(kg/m³)	/	86	95	103	109	/
	G/C	/	4.25	4.61	4.99	5.36	/
	m_g/(kg/m³)	1 463					

3. 透水混凝土拌和物的试拌与调整

由于透水混凝土为干硬性混凝土,坍落度为 0,采用传统的坍落度检测方法已经不合适。透水混凝土的水灰比决定着浆体流动性,透水混凝土浆体的流动性可以用跳桌法测试的流动度表示,以具有最佳工作状态时透水混凝土的水灰比为标准,水灰比小于最佳水灰比的通过加入减水剂调整至相同状态,从而满足了不同水灰比下透水混凝土均处于最佳工作状态。

试拌过程如下:

(1) 试拌混凝土,找出拌和物状态最佳的一组水灰比

本研究首先分别采用不同的水灰比(0.20~0.45)进行透水混凝土的试拌,发现 $w/c=0.40$ 时状态最好(拌和物黏结,且有金属光泽),几种状态见表 2-3:

表 2-3 拌和物试拌状态

w/c	0.20	0.25	0.30	0.35	0.40	0.45
拌和物状态	分散	分散	分散	黏为整体,有部分分散	黏结好,用手捏不分散	黏结好,但浆体较多
结论					最佳状态	

(2) 根据最佳水灰比,进行跳桌试验,以此数据为标准将其他水灰比通过加入减水剂方式调整至最佳状态,以此来确定减水剂掺量。

研究中为了进一步提高透水混凝土的强度,采用了较小的水灰比(0.20、0.25),通过加入减水剂的方法将浆体状态调至"标准状态"——使混凝土拌和物有金属光泽,但不会积聚在集料下面。

以 $w/c=0.40$ 调成水泥净浆(水泥 500 g,水 200 g),按照标准稠度用水量的搅拌方法放在水泥净浆搅拌机中进行搅拌。搅拌好后,马上将水泥净浆装入放在跳桌中心的半截圆模上(图2-1)。启动跳桌,跳10下,记录流动(扩展)度(图2-2),以该值为标准,其他水灰比的水泥净浆通过加入适量减水剂的方法调整至相同流动度。表2-4列举了几组确定减水剂掺量的胶结材流动度试验数据记录情况。

图 2-1 跳桌及圆模

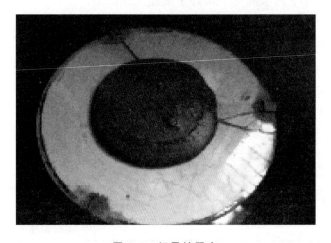

图 2-2 记录扩展度

表 2-4　胶结材扩展度试验

w/c	材料用量	减水剂掺量/%	流动度/mm	结论
0.4	$m_c=500$ g $m_w=200$ g	0	70~72	标准状态
0.35	$m_c=500$ g $m_w=175$ g	0.3(1.54 g)	70~80	
		0.2(1.04 g)	70~72	最佳
0.3	$m_c=500$ g $m_w=150$ g	0.1(0.67 g)	60~65	
		0.2(1.0 g)	60~65	
		0.3(1.5 g)	65~68	
		0.4(2.16 g)	70~72	最佳
0.25	$m_c=500$ g $m_w=125$ g	0.5(2.5 g)	太干	
		0.8(4.0 g)	60~60	
		1.0(5.0 g)	80~80	
		0.9(4.52 g)	70~72	最佳
0.20	$m_c=500$ g $m_w=100$ g	1.0(5.0 g)	60~62	
		1.2(6.0 g)	70~72	最佳

4. 小结

综上所述，采用体积法进行透水混凝土配合比设计的流程见图 2-3。

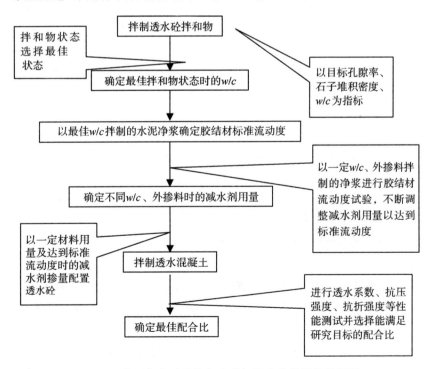

图 2-3　本研究中采用体积法进行配合比设计的流程图

三、试验原材料

透水混凝土是由粗骨料、胶结材、化学添加剂和水等拌制而成的一种多孔混凝土。因此对试验原材料的选择,主要是水泥标号、组成成分、粗骨料种类、粒径以及化学添加剂性能等。

1. 水泥

研究混凝土的结构破坏特征可以发现,较低强度等级的水泥石与粗骨料界面的黏结强度往往是混凝土中最薄弱的环节。由于骨料的强度远高于混凝土的强度,因而结构的破坏常常是发生在骨料界面间的水泥石层中。可见水泥的活性、品种、数量是决定混凝土强度的关键因素。所以,透水混凝土要采用强度较高、混合材料掺量较少的硅酸盐水泥或普通硅酸盐水泥,水泥标号最好在32.5级以上。水泥浆的最佳用量以能在集料表面形成约0.5~1.0 mm厚的均匀水泥浆膜为宜,并以采用最小水泥用量为原则。

本研究中水泥采用425#P.O,性能测试如表2-5所示。

表2-5 水泥技术性能指标

项目	凝结时间		抗折强度/MPa		抗压强度/MPa		细度(负压筛法)筛余/%
	初凝	终凝	3 d	28 d	3 d	28 d	
试验数据	190 min	6.5 h	5.7	9	20	50.1	5
标准	45 min	10 h	3.5	6.5	16.0	42.5	10

2. 粗集料

就强度而言,人工碎石有利于相互黏结。通常,选用石子的粒径应在5~10 mm之间,且单一粒级更利于连续孔隙的形成。本研究粗骨料采用一种5~10 mm地产单粒级碎石。性能测试见表2-6。

表2-6 粗骨料技术性能指标

石子粒径/mm	紧密堆积密度/(kg/m³)	表观密度/(kg/m³)	空隙率/%
5~10	1 493	2 710	44.73

3. 水

采用一般洁净的饮用水即可,根据透水混凝土应用范围、强度和透水速度要求不同,单方用水量控制在80~140 kg/m³。本研究采用普通自来水。

4. 外掺料

外掺料在一定程度上能改善混凝土性能,常用的外掺料有硅灰、粉煤灰、矿粉等。考虑到硅灰成本相对较高,不利于透水混凝土的普及。本研究采用半山粉煤灰和荆山矿粉。采用等量取代法。试验所用粉煤灰和矿粉成分见表2-7：

表2-7 粉煤灰和矿粉的主要成分

成分	SiO_2/%	Al_2O_3/%	Fe_2O_3/%	CaO/%	MgO/%	SO_3/%
粉煤灰	52.7	25.8	9.7	3.7	1.2	5.0
矿粉	34.52	14.02	0.47	36.24	12.85	

5. 聚合物增强剂

本研究采用的聚合物乳液为EVA乳液。固体含量为30%。

6. 外加剂

透水混凝土除了采用砂、石、水泥、水这四种基本材料外,通常还掺入一定量的外加剂。例如添加一定量的增强剂,这有助于提高水泥浆和骨料间的界面强度;添加一定量的减水剂,有助于改善混凝土成型时的和易性并提高强度。为了使路面更美观,通常添加一定量的着色剂;添加一定量的消石灰可增加水泥浆的黏性,提高施工时面层的平整度,另外其碱性对酸雨又有中和作用,能提高混凝土的耐久性。冬季施工时可酌情采用硫酸钠、氯化钙等早强剂,以加速混凝土的硬化。本研究采用有缓凝作用的聚羧酸类高效减水剂。

四、试验方案设计

1. 配合比方案设计

本研究采用体积法,采用同种骨料、水泥等原材料,设计目标孔隙率分别为15%、20%、25%时的配合比,水灰比的范围为0.20~0.45,外掺料采用一定量的粉煤灰、矿粉或聚合物乳液等,外加剂为聚羧酸类高效减水剂。材料用量见表2-8。

表2-8 试验配合比($1m^3$混凝土)

目标P/%	w/c	0.20	0.25	0.30	0.35	0.40	0.45
15	m_c/kg	569	519	478	442	411	385
	m_w/kg	114	130	143	155	165	173
	G/C	2.57	2.82	3.06	3.31	3.56	3.80
	m_g/kg	1 463	1 463	1 463	1 463	1 463	1 463
	编号	A1	A2	A3	A4	A5	A6
20	m_c/kg	473	432	398	368	342	320
	m_w/kg	95	108	119	129	137	144
	G/C	3.09	3.39	3.68	3.98	4.28	4.57

续表

目标 P/%	w/c	0.20	0.25	0.30	0.35	0.40	0.45
20	m_g/kg	1 463	1 463	1 463	1 463	1 463	1 463
	编号	B1	B2	B3	B4	B5	B6
25	m_c/kg	/	345	317	293	273	/
	m_w/kg	/	86	95	103	109	/
	G/C	/	4.25	4.61	4.99	5.36	/
	m_g/kg	1 463	1 463	1 463	1 463	1 463	1 463
	编号	C1	C2	C3	C4	C5	C6

目标 P/%	编号	m_g/kg	m_c/kg	m_w/kg	F/kg	K/kg	J/kg
20	B4	1 463	368	129	/	/	/
	B4F2	1 463	294	129	74	/	/
	B4F3	1 463	258	129	110	/	/
	B4F4	1 463	221	129	147	/	/
	B4F5	1 463	184	129	184	/	/
	B4K2	1 463	294	129	/	74	/
	B4K3	1 463	258	129	/	110	/
	B4K4	1 463	221	129	/	147	/
	B4K5	1 463	184	129	/	184	/
	B4S2	1 463	294	129	44	30	/
	B4S3	1 463	258	129	66	44	/
	B4S4	1 463	221	129	88	59	/
	B4S5	1 463	184	129	91	92	/
	B4J3	1 463	368	129	/	/	11
	B4J6	1 463	368	129	/	/	22
	B4J9	1 463	368	129	/	/	33
	B4J12	1 463	368	129	/	/	44

说明：A,B,C 分别代表目标孔隙率为 15%、20%、25%；
A,B,C 后的数字 1、2、3、4、5、6 分别代表水灰比为 0.20、0.25、0.30、0.35、0.40、0.45；
G 代表搅拌方式为水泥裹石法，没有 G 则表示搅拌方式为一次性投料法；
F 代表粉煤灰，K 代表矿渣微粉，S 代表双掺（矿渣和粉煤灰按照 4∶6 的比例掺配）；
F,K,S 后数字 2、3、4、5 分别代表掺量为 20%、30%、40%、50%；
J 代表聚合物乳液，其后数字 3、6、9、12 分别表示聚合物乳液掺量为 3%、6%、9%、12%。

2. 试件成型及养护

（1）试件成型

本研究中透水混凝土的成型选取两种方法：

一种成型工艺采用静压成型,利用设计的特定压头(见图2-4),通过一系列压力试验确定合适的压力范围。在确定压力大小试验中注意到,压力过大会造成模具损坏;压力太小则试件较疏松,强度太低。静压时间过长没有作用,静压时间过短压力效果不明显。经过压力作用比较,本研究采用成型压力为1.0 MPa,静压时间为15 s。

图 2-4　试件静压成型自制压头

另一种在实验室进行的成型工艺是振动成型,将装好混合料的模具放在振动台上振动一段时间,停止振动后用抹刀修平表面。在确定振动时间的试验中注意到,振动时间过短试件较疏松,强度太低;振动时间过长试件底部浆体沉积多,透水性太差。经过振动效果比较,本研究采用振动时间为15 s。

(2) 搅拌投料方式

研究中采用了两种搅拌投料方式:

一种是一次加料法:将集料、水泥等原材料先混合均匀,再加入水及外加剂搅拌,搅拌时间为180 s。流程图如图2-5所示。

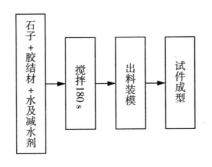

图 2-5　一次加料法流程图

另一种是水泥裹石法：胶结材与水及外加剂等混合均匀搅拌60 s，然后加入骨料搅拌120 s即可。流程图如图2-6所示。

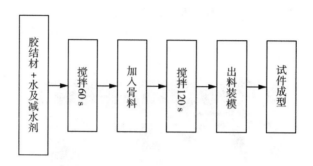

图2-6　水泥裹石法流程图

这里需要指出的是，无论采用哪种搅拌投料方式，使用的搅拌机都必须是强制式搅拌机。本研究采用的搅拌机为强制式单卧轴混凝土搅拌机（图2-7）。

图2-7　强制式单卧轴混凝土搅拌机

（3）养护方式

本研究的养护方式采用水中养护，试件成型24 h后拆模放入水中养护7 d或28 d或60 d，并每天记录水槽温度。

采用两种试件尺寸：100 mm×100 mm×100 mm试件，用于抗压强度、透水系数试验测定；400 mm×100 mm×100 mm试件，用于抗折强度性能测定。

需要指出的是，由于本实验所用聚合物乳液为水性的，成膜速度慢，如果掺加了乳液的透水试件早期就放入水中,会产生溶胀现象,硬化后粘结力差,强度较低。所以本研究中掺加了聚合物乳液的透水混凝土试件成型后在早期采用干燥养护。

3. **胶结材流动度测试**

为了能成功制备出透水混凝土,胶结材的性能研究显得尤为重要。由于对胶结材既要有良好的黏聚性又要保证一定流动性的要求,选择不同混合材和水泥及化学添加剂混合搅拌进行流动度试验,同时观察其黏聚性的好坏是研究胶结材性能的主要方法。本书设计了36组不同组成的胶结材进行流动度调整试验,从而确定不同水灰(胶)比时外加剂(本研究为高效减水剂)的掺量,为透水混凝土的配合比设计奠定基础。详细设计方案见表2-9。表中字母代号含义见表2-8后面的说明。

表2-9 胶结材流动度试验方案

目标孔隙率/%	组别代号	w/c	胶结材的组成			
			水泥	粉煤灰	矿粉	聚合物乳液
15	A1	0.20	100%	/	/	/
	A2	0.25	100%	/	/	/
	A3	0.30	100%	/	/	/
	A4	0.35	100%	/	/	/
	A5	0.40	100%	/	/	/
	A6	0.45	100%	/	/	/
	A1F3	0.20	70%	30%	/	/
	A2F3	0.25	70%	30%	/	/
	A1K3	0.20	70%	/	30%	/
	A2K3	0.25	70%	/	30%	/
	A1S3	0.20	70%	12%	18%	/
	A2S3	0.25	70%	12%	18%	/
20	B2	0.25	100%	/	/	/
	B3	0.30	100%	/	/	/
	B4	0.35	100%	/	/	/
	B5	0.40	100%	/	/	/
	B4F2	0.35	80%	20%	/	/
	B4F3	0.35	70%	30%	/	/
	B4F4	0.35	60%	40%	/	/

续表

目标孔隙率/%	组别代号	w/c	胶结材的组成			
			水泥	粉煤灰	矿粉	聚合物乳液
20	B4F5	0.35	50%	50%	/	/
	B4K2	0.35	80%	/	20%	/
	B4K3	0.35	70%	/	30%	/
	B4K4	0.35	60%	/	40%	/
	B4K5	0.35	50%	/	50%	/
	B4S2	0.35	80%	8%	12%	/
	B4S3	0.35	70%	12%	18%	/
	B4S4	0.35	60%	16%	24%	/
	B4S5	0.35	50%	20%	30%	/
	B4J3	0.35	100%	/	/	3%
	B4J6	0.35	100%	/	/	6%
	B4J9	0.35	100%	/	/	9%
	B4J12	0.35	100%	/	/	12%
25	C2	0.25	100%	/	/	/
	C3	0.30	100%	/	/	/
	C4	0.35	100%	/	/	/
	C5	0.40	100%	/	/	/

4. 孔隙率

在透水混凝土配合比设计时，透水系数并不能给予配合比设计直接的信息，控制透水混凝土配合比设计的一个重要数据是孔隙率。孔隙率是反映透水混凝土结构的主要参数，也即通过孔隙率能基本了解透水混凝土的透水性能。

本研究中孔隙率（即有效孔隙率）的测定方法如下：

（1）用直尺量出试件的尺寸，并计算出其体积 V_0；

（2）称出试件浸水饱和状态下在水中的质量 m_1；

（3）称量试件在饱和面干状态时的质量 m_2；

（4）按下式计算试件的孔隙率 P（精确到0.1%）：

$$P = \left(1 - \frac{m_2 - m_1}{V_0}\right) \times 100\% \tag{2.1}$$

5. 抗折强度

参照标准 JC/T 446—2000 测定试件的抗折强度。抗折强度在液压式万能压力机上进行,采用三分点双力点加载(图2.8),跨度为 $L=300$ mm,加载速度约为 $0.1\sim0.2$ MPa/s。数据精确至 0.1 MPa。

$$F_f = \frac{FL}{bh^2} \quad (2.2)$$

式中 F—破坏荷载,N;L—支座间距;b—试件截面宽度;h—试件截面高度。

6. 抗压强度

参照建材行业标准 JC/T 446—2000 测定试件的抗压强度。采用液压式万能压力机加压,受压面积为 100 mm×100 mm,压力机精度不低于±2%,加荷速度和数据处理按规范进行。本次试件尺寸为非标准试件尺寸,因此换算成标准值时要乘以换算系数 0.95。

$$f_{cc} = \frac{F}{A} \quad (2.3)$$

式中 F—破坏荷载,N;A—试件承压面积(mm×mm)。

图 2-8　抗折实验装置

7. 透水系数

透水混凝土正是利用贯通到表面的连续孔隙,可以在雨季及时排除路面积水,为汽车的安全行驶和居民行走方便创造了良好的条件,另外可以通过其连通的孔隙将雨水回流到地下,补充日益缺乏的地下水资源。这些都与透水混凝土的透水性有关,由此对透水混凝土的透水性进行研究具有十分重要的意义。

（1）相关仪器及密封

本研究利用自制的透水仪（见图 2-9）采用不变水头法测定透水系数。

说明：①溢水管口　②出水管口　③密封检查管　④排水管

图 2-9　自制透水仪

透水仪相关说明：

测试时水位差是指溢水管和出水管之间的高差；密封检查管主要起到两方面作用：一是可以检查封蜡试件与透水仪衔接处的密封情况；二是可以为透水仪下部添水。排水管主要是在两种情况下起作用：一是测试结束排水时，打开此管可加速排水；二是进行密封性检查时，如果测试仪上部水位过高，可打开此管。当溢水管和出水管同时出水且出水量稳定时，可以开始进行透水量测试并计时。为了确保透水试件在封蜡之后能稳定的放置在透水仪内，考虑到封蜡后透水试件的尺寸不够准确，透水仪中部采用倒置棱台（棱台上表面为边长约 120 mm 的正方形，下表面为边长约 90 mm 的正方形）（见图 2-10）。

图 2-10　自制透水仪俯视图

图 2-11　密封性检测

进行密封性检测时,将封蜡试件与仪器之间用橡皮泥密封好,往透水仪中注水,当出水管口②有水溢出,同时透水仪内部水位达到棱台上表面和试件上表面之间时,停止加水。将漏斗放在密封检查管上往管内加水,同时仔细观察试件周围水面情况(见图 2-11)。如果加水时试件周围水面有气泡,说明密封情况不够理想,应马上重新进行密封;如果没有气泡,则说明密封情况较好。为了确保测试数据的准确性,同一试件在进行一次透水测试前和测试后(取出试件前)都要进行密封性检测。

(2) 透水系数测定

透水系数(K)的测定参考日本提出的《固定水位透水性测定法》进行确定。根据固定水位透水性测定法。测试前先将试件达到吸水饱和状态,再将试件放置在透水仪中充满水,直至水从出水口流出,从透水仪上部不断给水,使试件上部水位高度保持不变,测定从透水仪溢水管口流出的水量 $Q(\mathrm{mm}^3)$ 和出水时间 $t(\mathrm{s})$,则透水系数可由下式得到:

$$K = \frac{H}{h_0} \cdot \frac{Q}{A_0 \cdot t} \tag{2.4}$$

每组测试 5 个试件,每个试件在进行测试前提早封蜡(见图 2-12)并处于吸水饱和状态,且试验前后都必须进行密封性能测试(见图 2-11),每个试件在相同水柱高度下进行 4 次相同出水时间下透水量的测定,等到连续三次透水量完全相同时将该数据记下,以确保数据的可靠性(见图 2-13)。五个数据中,剔除最大、最小值后取平均值,以此计算该组试件的透水系数。

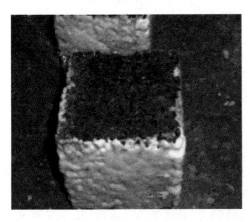

图 2-12 封蜡试件图

图 2-13 自制透水仪

五、试验数据及结论

通过相关试验,得到试验结果如下(见表2-10)。透水混凝土既要多孔保证其渗透性,又要有一定的力学强度,因此它和普通混凝土相比有不同的配合比设计方法。

表 2-10 试验数据结果

编号	1	2	3	4	1	2	3	4	1	2	3	4
目标孔隙率/%	15				20				25			
实测孔隙率/%	13.8	14.1	17.8	12.8	19.0	20.9	18.3	20.5	23.1	31.4	32.1	33.6
K_{15}(7 d)/(mm/s)	0.31	0.46	1.41	0.59	2.10	2.87	2.41	1.64	5.28	6.75	7.16	6.93
K_{15}(28 d)/(mm/s)	0.26	0.43	1.15	0.58	2.18	2.83	2.35	1.54	4.0	6.04	6.26	6.35
抗压强度(7 d)/MPa	21.7	22.5	11.4	15.5	14.3	10.2	16.1	11.0	11.9	3.9	4.69	5.61
抗压强度(28 d)/MPa	21.8	18.1	11.2	13.6	17.5	15.3	16.5	16.7	10.5	6.5	6.3	6.8
抗折强度(28 d)/MPa	5.67	4.82	2.68	4.3	4.13	4.18	3.93	3.84	4.08	2.09	2.73	2.48

本研究结论如下:

(1) 根据本研究的配合比设计方法获得的实测空隙率与目标空隙率基本一致,说明了本方法的合理性。

(2) 不同的目标孔隙率都有最佳的配合比,可以通过强度和透水系数要求的组合找到。

(3) 采用目标孔隙率法能较好地控制透水性,但是为了满足强度的要求还需要通过不同的水灰比来进行调整。透水混凝土的主要性能(透水系数、抗压强度、抗折强度)既与水灰比有密切关系,也与目标孔隙率有密切关系。

第二节 水灰比在透水混凝土配合比设计中的作用

透水混凝土是由骨料、水泥、外加剂和水等经特定工艺拌制而成的一种多孔混凝土,它不含细骨料,由粗骨料表面包覆薄层水泥浆相互黏结而形成孔穴均匀分布的蜂窝状结构,其内部含有很大比例的贯通性孔隙。故具有透气、透水和质量轻的特点,作为环境负荷减少型混凝土,透水混凝土的研究开发越来越受到重视。

在普通混凝土配合比设计中,w/c 主要起到保证强度和耐久性方面的作用。透水混凝土由于其结构特殊性,w/c 对透水性和强度都有一定影响。笔者就试验中的一些感受,尝试谈谈水灰比在透水混凝土中的作用。

本研究所采用的体积法是指以原有粗骨料孔隙率为基础,根据对透水混凝土的目标孔隙率进行详细计算,大致确定浆体体积。体积法有利于控制透水混凝土的透水性。

一、水灰比对确定透水混凝土透水性方面的作用

如果水灰比太小,水泥浆则过稠,水泥浆较难均匀地包裹在粗骨料颗粒表面,不利于强度的提高。如果水灰比过大,水泥浆则过稀,水泥浆又会从骨料颗粒表面滑下,包裹粗骨料颗粒表面水泥浆过薄,不利于强度的提高,同时由于水泥浆流动性过大,水泥浆可能把透水孔隙部分或全部堵实,既不利于透水,也不利于整体强度的提高。合适的水灰比能使得混凝土拌和物有金属光泽,而不会积聚在集料下面。

在最初进行透水混凝土的试拌与调整时,可根据经验来判定水灰比是否合适。取适量拌和好的混凝土拌和物进行观察,如果水泥浆在骨料颗粒表面包裹均匀,没有水泥浆下滴现象,而且颗粒有类似金属的光泽,说明水灰比较为合适。以该水灰比为最佳水灰比,进行水泥净浆"扩展度"试验。以该水灰比状态下的水泥净浆"扩展度"为标准,其他水灰比的胶结材通过加入一定减水剂的方式以达到相同的扩展度,从而满足了不同水灰比下透水混凝土拌和物均处于最佳工作状态。

本研究首先分别采用不同的水灰比(0.20～0.45)进行透水混凝土的试拌,发现 $w/c=0.40$ 的状态最好(拌和物黏结,且有金属光泽),几种状态见表2.3。

根据最佳水灰比,进行跳桌试验,以此数据为标准将其他水灰比通过加入减水剂方式调整至最佳状态,以此来确定减水剂掺量。

以 $w/c=0.40$ 调成水泥净浆(水泥500g,水200g),按照标准稠度用水量的搅拌方法放在水泥净浆搅拌机中进行搅拌。搅拌好后,马上将水泥净浆装入放在跳桌中心的半截圆模上(见图2-1)。启动跳桌,跳10下,记录流动度(见图2-2),以该值为标准,其他水灰比的水泥净浆通过加入适量减水剂的方法调整至相同流动度。表2-4列举了几组确定减水剂掺量的胶结材流动度试验数据记录情况。

取水灰比在0.25～0.4分别进行透水混凝土的配制,经过孔隙率的测试,有如下情况:

由图2-14可以看出,实测孔隙率均能较好地与目标孔隙率相符,当水灰比为0.25时目标孔隙率与实测孔隙率最为接近,几乎完全一致。其次为水灰比0.3时。

从图 2-15 容易看出,目标孔隙率越大,透水系数越大。在本试验条件下,不同目标孔隙率存在最佳水灰比使其透水系数最大(见表 2-11)。

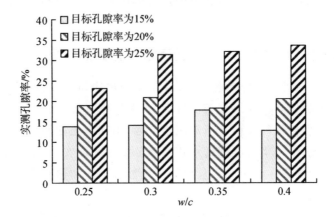

图 2-14　水灰比与实测孔隙率关系

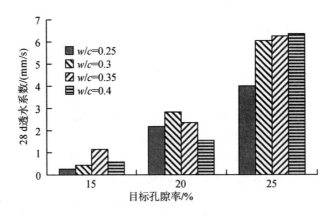

图 2-15　水灰比与 28 d 透水系数关系

表 2-11　目标孔隙率与对应水灰比

目标孔隙率/%	透水系数最大时对应的水灰比
15	0.25
20	0.30
25	0.40

二、水灰比对透水混凝土强度的作用

以目标孔隙率为指标的体积法能较好地控制透水性,但是为了满足强度的要求还需要通过不同的 w/c 来进行调整。透水混凝土的主要性能（透水系数、抗压强度、抗折强度）既与 w/c 有密切关系，也与目标孔隙率有密切关系。

在配合比基本确定后，在骨料、水泥用量一定的情况下，从小到大选定几组不同的水灰比分别拌制混凝土，通过试验分别测出其抗压强度，绘制出 w/c 曲线，求出最大强度所对应的水灰比，即为最佳水灰比。

1. 水灰比、目标孔隙率与抗压强度关系

从图 2-16 可以看出，在一定的目标孔隙率下，28 d 抗压强度都是在 $w/c=0.25$ 时最大，且都有随着 w/c 的增加先减少再增加的趋势，但目标孔隙率不同时其拐点不同。$w/c=0.25$、0.30 时目标孔隙率为 15% 的透水混凝土 28 d 抗压强度最大，最小的为目标孔隙率为 25% 时；$w/c=0.35$、0.40 时目标孔隙率为 20% 的透水混凝土 28 d 抗压强度最大，最小的为目标孔隙率为 25% 时。可见，抗压强度不仅与 w/c 有关，也与目标孔隙率有关。

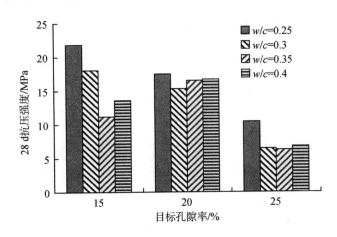

图 2-16　水灰比与 28 d 抗压强度关系

2. 水灰比、目标孔隙率与抗折强度关系

从图 2-17 可以看出，在一定的目标孔隙率下，28 d 抗折强度与 w/c 之间存在最佳值。$w/c=0.25$、0.30、0.40 时目标孔隙率为 15% 时透水混凝土 28 d 抗折强度最大，目标孔隙率为 25% 时最小；$w/c=0.35$ 时目标孔隙率为 20% 的透水混凝土 28 d 抗折强度最大，最小的为目标孔隙率为 15% 时。可见，抗折强度不仅与 w/c 有关，也与目标孔隙率有关。

3. 水灰比对抗压、抗折强度的影响

目标孔隙率的大小直接影响着水泥的相对用量，从而影响透水混凝土的强度。从图 2-18、图 2-19、图 2-20 中可以看出水灰比越大混凝土强度越小，这说明本试验所取的目标孔隙率可以适当减小。当目标孔隙率为 15%，水灰比采用

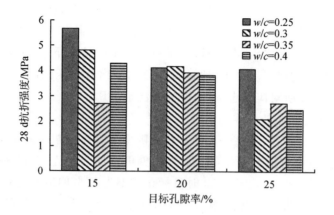

图 2-17　水灰比与 28 d 抗折强度关系

最小值 0.25 时,无论是抗压强度还是抗折强度都是效果最好,所以在配置透水混凝土时尽量采用低水灰比。但低水灰比时透水性较差,因此在考虑提高透水混凝土强度的时候应该兼顾混凝土的透水功能。

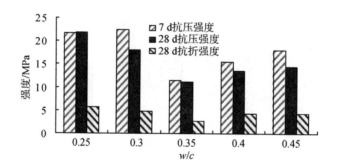

图 2-18　目标孔隙率为 15% 时水灰比与强度关系

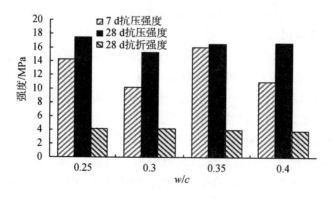

图 2-19　目标孔隙率为 20% 时水灰比与强度关系

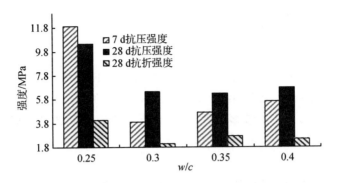

图 2-20 目标孔隙率为 25% 时水灰比与强度关系

透水混凝土既要有一定的透水性,又要有一定的强度,由于其结构的特殊性,水灰比在透水混凝土中的作用不同于普通混凝土。本节主要探讨水灰比在采用体积法进行透水混凝土配合比设计中起到的作用。

综上所述,采用体积法进行透水混凝土配合比设计时最佳配合比的确定是根据工程要求的透水性和强度,选择能满足工程目标的配合比。

透水混凝土由于性能的特殊性,采用不同原材料时其配合比有差距,采用本书所述方法(体积法)可以极大地减少工作量。需要指出的是,笔者在试验中注意到,透水混凝土拌和物在进行拌制时,如果拌制的量发生一定的变化(增多或者减少),即使是相同的配合比,拌和物的状态也会发生一定的变化。一般来说,在其他条件都相同的情况下(配合比、搅拌方法、环境等),拌制的量越多,拌和物的浆体析出越多。

总之,在采用体积法进行透水混凝土配合比设计中,水灰比对拌合物状态和强度都起着至关重要的作用,并且极大地减少了透水混凝土进行试配的数量。

第三节　搅拌方式及成型工艺对透水混凝土性能的影响

透水砼作为一种生态环保型的混凝土,它的生态环保优势逐渐为人们所重视。它有别于普通混凝土,它是采用特定级配的集料,利用水泥浆体填充集料颗粒形成的空隙,经特定工艺将集料黏结在一起形成连通孔隙的混凝土。透水性混凝土正是利用这些贯通到表面的连续孔隙,可以在雨季及时排除路面积水,为汽车的安全行驶和居民的行走方便创造了良好的条件,另外可以通过其连通的孔隙将雨水回流到地下,补充日益缺乏的地下水资源。这些都与透水性混凝土的透水性有关,由此看来对透水性混凝土的透水性进行研究具有十分重要的意义。

一、试验方法与原材料

1. 配合比设计原理

本研究采用的透水混凝土配合比设计方法为体积法,其原理如下:粗集料在紧密堆积的情况下,经胶结材浆体适当填充,并在表面均匀包裹之后黏结在一起,凝结后就形成了连续多孔的结构,余下的空隙空间即是目标设计的空隙。该方法配合比设计的主要参数是粗集料空隙率、目标孔隙率、水灰比。

2. 试拌成型

由于透水混凝土的坍落度为0,采用传统的坍落度检测方法已经不合适。透水混凝土的水灰比决定着浆体流动性,透水性混凝土浆体的流动性可以用跳桌法测试的流动度值表示,以具有最佳工作状态时透水混凝土的水灰比为标准,水灰比小于最佳水灰比的,通过加入减水剂调整至相同状态,从而满足了不同水灰比下透水混凝土均处于最佳工作状态。本试验试拌取水灰比范围为0.20~0.4。

3. 原材料

水泥采用42.5级P.O(见表2-5);粗骨料采用一种5~10 mm地产单粒级碎石(见表2-6)。

4. 试件成型及养护方法

由于透水混凝土拌和物为干硬性,采用强制式搅拌机进行搅拌。制作边长为100 mm的正方体试件进行透水性能测试,每组各五个试件。试件成型24 h后拆模放入水中养护7d或28d,并每天记录水槽温度。

二、搅拌方法的影响

由于透水混凝土特殊的多孔结构,特选取两种搅拌方法进行对比试验研究。一种是参照普通混凝土的搅拌方法即一次加料法,将集料、水泥、水、外加剂等一起加入搅拌机中,共同搅拌4 min;另一种是水泥裹石法,先将100%集料和70%的拌和水预先搅拌1min,然后加入50%的水泥(如果使用外加剂,此时全部加入),继续搅拌1min,最后将剩余的50%水泥和30%的拌和水加入搅拌机,搅拌2 min,整个搅拌过程共4 min。试验采用配合比见表2-12。

表2-12 透水混凝土配合比

目标孔隙率/%	水灰比	m_c/(kg/m³)	m_w/(kg/m³)	m_g/(kg/m³)
20%	0.35	368	129	1 463
	0.4	342	137	1 463

注:书中材料配合比单位kg/m³表示单位体积(1 m³)的用料量(kg)。

1. 搅拌方法对透水系数的影响

从表 2-13 中的数据可以看出,采用水泥裹石法后,透水混凝土的实测孔隙率及透水系数均有一定幅度的增加。可见,采用水泥裹石法有利于改善透水混凝土的透水性。且两种搅拌方式的透水系数均大于 1 mm/s,能满足本研究目标。笔者认为,采用一次性投料法,部分水泥浆体结团成球状,填充于集料之间的孔隙中,使得透水混凝土不能形成良好的连通孔隙结构,从而降低了透水系数。采用水泥裹石法后,水泥浆在机械搅拌的作用下,均匀包裹于集料表面,这对保证透水混凝土的连通孔隙率具有重要作用,从而提高了透水系数。

2. 搅拌方法对抗压、抗折强度的影响

通过表 2-13 可以看出,采用水泥裹石法后强度有所降低。所以虽然采用水泥裹石法对透水系数是有贡献的,但是考虑到强度的影响因素,建议透水混凝土的搅拌方式尽量采用一次性投料法。

表 2-13 搅拌方式对透水混凝土性能的影响

水灰比	搅拌方式	实测孔隙率/%	透水系数/(mm/s)		抗压强度/MPa		28 d 抗折强度/MPa
			7 d	28 d	7 d	28 d	
0.35	一次加料法	18.27	2.41	2.35	16.055	16.50	3.928
	水泥裹石法	22.8	3.54	3.10	11.305	13.97	3.592
0.40	一次加料法	20.53	1.64	1.54	11.02	16.66	3.836
	水泥裹石法	20.83	2.10	1.93	13.87	14.38	3.124

三、成型工艺的影响

混凝土混合料搅拌后,由于水泥浆体和粗集料颗粒间的内摩擦作用,而具有一定黏性,所以当混合料被浇注在模具后靠自重产生的流动性是较小的,因此需要来自压力或振动这样的外力来使其密实。不同的成型方法,对透水混凝土的性能产生不同的影响。

当混合料受到振动时引起颤动,这种颤动此起彼伏,破坏了颗粒间的黏结力和机械啮合力,使混合料的内阻力大为降低,最后使混合料部分或全部"液化"。在振动液化过程中,固相颗粒由于混合料黏度的降低,加上重力的作用产生移动,趋于最适宜的稳定位置,水泥浆填充粗集料之间的空隙,使混凝土原来的堆聚结构更为密实。一般振动时间越长,混凝土越密实,但透水混凝土要求成型后有一定的连通孔隙率,因此振动时间不宜过长,否则会使浆体过多沉积在混凝土底部,堵塞了透水通道,使混凝土失去透水性。

在静压条件下成型的试件,压力越大,颗粒接触越紧密,自然孔隙率就减少,透水系数也相应降低,但是影响程度不大。原因有二:其一,要保证骨料不至于在静压的情况下破碎,压力的变化范围有限;其二,在静压的条件下,骨料相互嵌挤的空间有限,不像在碾压情况下,骨料可以较大范围地挪动位置。在压制过程中,随着成型压力作用的增大,混合料颗粒间的移动有两个阶段(见图2-21):第一阶段是颗粒在压力的作用下发生位移,填充空隙,这时的混合料不仅发生体积变化而且产生形变,颗粒间的间距减小,彼此间的接触点增多,这个阶段也可以称为滑动阶段;第二阶段,随着对混合料的持续加压,颗粒的位移减小,混合料的体积只产生微小的变化,颗粒靠得更紧,接触点进一步增加,而且这时颗粒间的机械咬合力也开始增加,颗粒间由于位移和变形可以楔住和勾连,从而形成颗粒之间的机械啮合,这是使混合料具有强度的主要原因之一,这个阶段时间的长短决定着压制时间。对比图2-21中的(a)、(b),可以清楚看出颗粒从松散状态到紧密接触状态(注:图中颗粒为包裹了浆体的集料)。

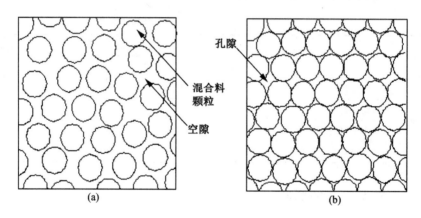

图 2-21　混合料压制成型示意图

为了解不同成型工艺对透水砼性能的影响,本次试验中分别采用了静压成型和振动成型两种方法,静压成型采用自制压头(见图2-4),压力为1.0 MPa,静压时间为15 s;振动成型的振动时间为15 s。振动成型的配合比与静压成型的配合比相同(见表2-14)。

表 2-14　透水混凝土配合比 2

目标孔隙率/%	水灰比	m_c/(kg/m³)	m_w/(kg/m³)	m_g/(kg/m³)
15%	0.20	569	114	1 463
	0.25	519	130	1 463

1. 成型工艺对透水系数的影响

表 2-15 的试验结果表明,在相同配合比和养护条件下,振动成型试件的透

水系数明显低于静压成型试件的透水系数。但在本试验中,采用振动成型的方法测得试件的透水系数均大于 1 mm/s,也能满足研究目标。

2. 成型工艺对抗压、抗折强度的影响

分别采用 1.0 MPa,持荷 15 s 静压成型和振动 15 s 成型法分别进行试验比较,试验数据如表 2-15 所示,可以明显地看出,采用振动成型后强度提高很明显。这主要是因为采用振动成型后,更多的水泥浆分层包裹在集料表面,并彼此联结,从而提高了集料接触点处的总黏结面积,这对透水混凝土强度的提高是有利的。

表 2-15　成型方式对透水混凝土性能的影响

w/c	成型方式	实测孔隙率/%	7 d 透水系数/(mm/s)	7 d 抗压强度/MPa
0.35	静压成型	26.77	3.38	11.65
	振动成型	16.65	1.02	32.30
0.40	静压成型	18.63	1.73	13.87
	振动成型	14.15	1.08	32.85

通过表 2-15 同时可知,采用振动成型,既能满足本研究中透水混凝土透水系数方面的要求(K_{15}＞1 mm/s),也能满足透水混凝土在强度方面的要求(抗压强度＞25 MPa)。

透水混凝土由于自身结构的特殊性,拌制过程中所采用的搅拌、成型方式对其指标影响较大。笔者通过大量试验得出以下结论:

(1) 对一次加料法与水泥裹石法两种搅拌方式进行比较分析发现,水泥裹石法有利于改善透水混凝土试件的透水性,但透水混凝土试件的强度有所降低。考虑到综合因素,建议透水混凝土的搅拌方式尽量采用一次性投料法。

(2) 在相同配合比和养护条件下,振动成型试件的透水系数明显低于静压成型试件的透水系数。但在本试验中,采用振动成型的方法测得试件的透水系数(K_{15})均大于 1 mm/s,也能满足研究目标。采用振动成型,既能满足本研究中透水混凝土透水系数方面的要求(K_{15}＞1 mm/s),也能满足透水混凝土在强度方面的要求(抗压强度＞25 MPa)。考虑到综合因素,建议透水混凝土的成型方式可以采用振动成型方式。

综上所述,在一定配合比的情况下,搅拌方式采用一次性投料,成型方式采用振动成型能较好满足透水混凝土指标(K_{15}＞1 mm/s,28 d 抗压强度＞25 MPa)。对实际工程有一定借鉴意义。

第四节 外掺料对透水混凝土性能的影响

随着城市化进程的加快,城市地表逐步被建筑物和道路等阻水材料硬化覆盖。目前,北京的不透水路面占据城市路面的80%左右,遇到暴雨天气,很容易使交通处于瘫痪状态;我国南涝北旱的情况大家有目共睹。如果能采用透水混凝土路面砖铺设,则能较好地缓解上述情况。

本研究是在透水混凝土的基础上,为了降低成本,并且很好地利用工业废料废渣,通过加入一定量的外掺料来比较不同外掺料及其掺量对透水混凝土性能的影响,从而更好地降低透水混凝土的生产成本。

一、试验方法与原理

1. 原材料及配合比数据

水泥采用42.5级P.O;粗骨料采用一种5~10 mm当地产单粒级碎石(见表2-6);本研究采用的外掺料为荆山矿粉,半山粉煤灰(见表2-7)。水灰比以0.35为基准参数进行对照试验。采用体积法进行透水混凝土配合比设计,以目标孔隙率20%进行配合比设计,具体数据见表2-16。

表2-16 掺外掺料的透水混凝土配合比数据

编号	水泥/kg	外掺料	占水泥质量/%	外掺料掺量/kg	粗骨料/kg	水/kg
0	11.03	—	—	0		
1	8.824	粉煤灰	20	2.21		
2	7.721		30	3.309		
3	6.618		40	4.412		
4	5.515		50	5.515		
5	8.824	矿粉	20	2.21	43.89	3.86
6	7.721		30	3.309		
7	6.618		40	4.412		
8	5.515		50	5.515		
9	8.824	矿粉:粉煤灰 按4:6分配	20	0.884:1.326		
10	7.721		30	1.32:1.99		
11	6.618		40	1.765:2.647		
12	5.515		50	2.205:3.307		

续表

编号	水泥/kg	外掺料	占水泥质量/%	外掺料掺量/kg	粗骨料/kg	水/kg
13	11.03	聚合物乳液	3	2.21	43.89	3.76
14			6	3.309		3.66
15			9	4.412		3.56
16			12	5.515		3.46

2. 试件成型及养护方法

研究采用水泥裹石法,即先将水泥、外掺料、外加剂及水倒入搅拌机内强制搅拌 60 s 后,再倒入石子。为了尽量避免成型方式对性能的影响,采用压制成型(见图 2-4),成型压力为 1.0 MPa,静压时间为 10 s。分别制作边长为 100 mm 的正方体试件进行抗压强度测试、透水性能测试,每组各五个试件;边长为 100 mm×100 mm×400 mm 的试件进行抗折强度测试,每组各三个试件。试件成型 24 h 后拆模放入水中养护 7 d 或 28 d。

3. 性能测试

(1) 透水系数

利用自制的透水仪(见图 2-13),采用不变水头法测定透水系数。待测试件先进行四面封蜡处理,每个试件在测试前处于吸水饱和状态,试验前后都必须进行密封性检查,测试透水量时至少进行四次测试,等到连续三次透水量完全相同时将该数据记下,每个试件透水量测试完成后仍要进行密封性能检查,以确保数据的可靠性。

(2) 力学性能测试

抗折强度采用三分点测试法。抗压强度、抗折强度均按《混凝土物理力学性能试验方法标准》(GB/T 50081—2019)进行,并换算成标准值。

二、试验结果与分析

1. 试验结果

对同一批试块按照规定方法进行 7 d 和 28 d 的透水实验、强度实验,测得结果见表 2-17。

表 2-17 试验数据结果

试块组别编号	0	1	2	3	4	5	6	7	8	9	10	11	12	13	14	15	16
K_{15}(7 d)/(mm/s)	3.54	3.55	3.76	3.40	3.39	4.15	4.46	3.39	3.16	4.22	4.18	4.41	4.95	3.98	3.31	2.24	1.64

续表

试块组别编号	0	1	2	3	4	5	6	7	8	9	10	11	12	13	14	15	16
K_{15}(28 d)/(mm/s)	3.10	3.58	3.45	3.10	3.02	3.80	3.73	3.25	2.78	3.95	3.98	3.90	4.9	3.64	3.06	2.09	1.38
抗压强度(7 d)/MPa	11.3	6.71	6.94	6.68	5.7	5.19	8.43	8.11	8.77	6.08	6.18	6.18	5.51	8.27	8.80	11.7	12.4
抗压强度(28 d)/MPa	14.0	10.1	9.31	8.36	7.7	9.12	13.6	13.1	10.6	12.7	9.94	10.6	7.89	9.88	9.98	13.1	14.7
抗折强度(28 d)/MPa	3.59	3.55	3.22	2.83	2.55	3.06	2.78	2.92	3.3	3.29	3.62	2.4	2.55	7.98	9.01	8.16	7.97

2．试验结果分析

(1) 粉煤灰掺量对其性能的影响

从图 2-22 中可以看出,透水系数随着粉煤灰掺量表现出先增加再减小的趋势：本试验中粉煤灰掺量为 30％时 7 d 透水系数最大；粉煤灰掺量为 20％时 28 d 透水系数最大。总的来说,加入粉煤灰后比不加粉煤灰的透水系数均有提高。

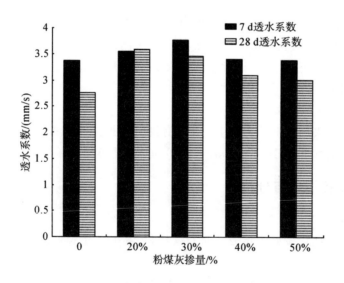

图 2-22 粉煤灰掺量对透水系数的影响

从图 2-23 中可以看出：随着粉煤灰掺量的增加,28 d 抗压强度明显降低,28 d 抗折强度变化不明显；随着粉煤灰掺量的增加,7 d 抗压强度先增加再减小,掺量为 30％时 7 d 抗压强度最大；加入粉煤灰后比不掺的强度均有降低,7 d 抗压强度降低幅度最大,其掺量与强度变化之间存在最佳值；28 d 抗压强度变化规律较明显,28 d抗压强度随着掺量的增加而减小;28 d抗折强度变化不大。

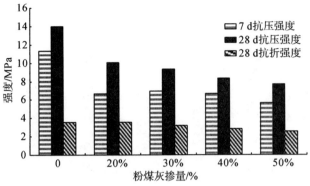

图 2-23 粉煤灰掺量对强度的影响

(2) 矿粉掺量对其性能的影响

从图 2-24 中可以看出:透水系数随着矿粉掺量的增加表现出先增后减的趋势;试验中矿粉掺量为 30%时 7 d 透水系数最大;矿粉掺量为 20%时 28 d 透水系数最大;矿粉加入后,7 d 透水系数在掺量为 20%、30%时比不掺时有增加;但 7 d 透水系数在掺量为 40%、50%时有降低;矿粉加入后,28 d 透水系数在掺量为 50%时比不掺略有降低,其余掺量均有增加。

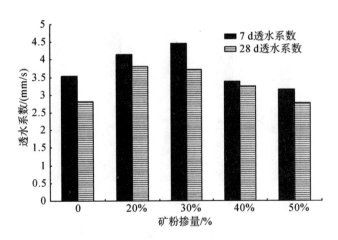

图 2-24 矿粉掺量对透水系数的影响

从图 2-25 中可以看出:掺入矿粉后 7 d、28 d 抗压强度大致表现出先增后减的趋势,28 d 抗折强度降低不明显;随着矿粉掺量的增加,7 d 抗压强度有增加趋势,当矿粉掺量为 30%、40%、50%时 7 d 抗压强度变化幅度不大;随着矿粉含量的增加,28 d 抗压强度先增再减,掺量为 30% 时 28 d 抗压强度最大;矿粉加入后比不掺的强度均有降低。

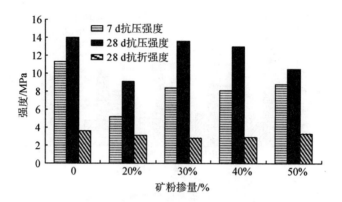

图 2-25　矿粉掺量对强度的影响

(3) 双掺的掺量对其性能影响

从图 2-26 中可以看出:透水系数随着双掺掺量的增加而提高;双掺的掺量为 50% 时透水系数最大。

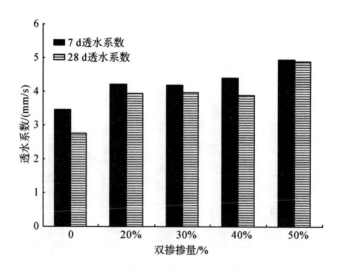

图 2-26　双掺掺量对透水系数的影响

从图 2-27 中可以看出:双掺掺入后,28 d 抗折强度变化不是很明显;随着双掺掺量的增加,7 d 抗压强度有先增再减的趋势;掺量为 30% 时 7 d 抗压强度、28 d 抗折强度最大;掺量为 20% 时 28 d 抗压强度最大;双掺加入后比不掺的抗压强度均有降低。

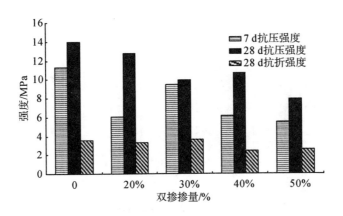

图 2-27 双掺掺量对强度的影响

（4）不同外掺料对透水性能的影响

从图 2-28 中可以看出，外掺料的加入对 7 d 透水系数均有一定幅度提高；外掺量为 20%、40%、50% 时，采用双掺时 7 d 透水系数最大；外掺量为 30% 时采用矿粉时 7 d 透水系数最大；本试验条件下，采用 50% 双掺时 7 d 透水系数最大。

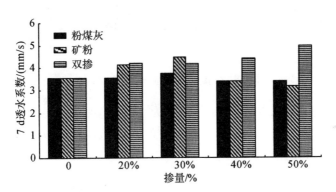

图 2-28 外掺料掺量对透水系数的影响

从图 2-29 中可以看出，外掺料的加入对 28 d 透水系数均有一定幅度提高；外掺量为 20%、30%、40%、50% 时均为采用双掺 28 d 透水系数最大；本试验条件下采用 50% 双掺 28 d 透水系数最大。

（5）不同外掺料对抗压强度的影响

从图 2-30 中可以看出，外掺料掺量为 20% 时，采用粉煤灰的 7 d 抗压强度最大；外掺料掺量为 30% 时，采用双掺的 7 d 抗压强度最大；外掺料掺量为 40%、50% 时，采用矿粉的 7 d 抗压强度最大；外掺料为 30% 的双掺 7 d 抗压强度最大。

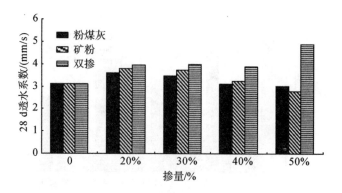

图 2-29　外掺料掺量对 28 d 透水系数的影响

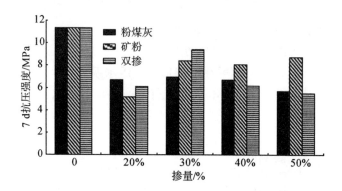

图 2-30　外掺料掺量与 7 d 抗压强度关系

从图 2-31 中可以看出,外掺料掺量为 20% 时,采用双掺 28 d 抗压强度最大;外掺料掺量为 30%、40%、50% 时矿粉的 28 d 抗压强度最大;外掺料为 30% 的矿粉时 28 d 抗压强度最大。

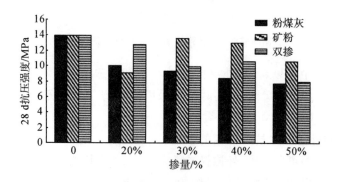

图 2-31　外掺料掺量与 28 d 抗压强度关系

(6) 不同外掺料对抗折强度的影响

从图 2-32 中看出,外掺料为 20% 粉煤灰的 28 d 抗折强度最大;外掺料掺量为 30% 双掺的 28 d 抗折强度最大;外掺量为 40%、50% 矿粉的 28 d 抗折强度最大。28 d 最大抗折强度出现在外掺料为 30% 的双掺时。

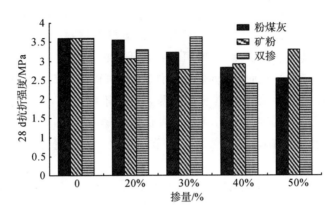

图 2-32　外掺料掺量与 28 d 抗折强度关系

透水混凝土既要多孔保证其渗透性,又要有一定的力学强度,因此它和普通混凝土相比有不同的配合比设计方法。本试验方法是采用体积法,在一定试验条件下得出外掺料及其掺量对透水混凝土性能的影响。

本研究结论如下:

(1) 加入外掺料能提高透水混凝土的透水性,相对来说,采用双掺时对透水系数的增强效果最为明显。

(2) 外掺料的加入在一定程度上降低了透水混凝土的抗压强度,外掺料为矿粉时相对来说 28 d 抗压强度降低幅度最小。

(3) 外掺料的加入在一定程度上也降低了透水混凝土的抗折强度,28 d 抗折强度降低幅度没有 28 d 抗压强度降低幅度大。

为了降低透水混凝土的成本,并利用好工业废渣,本研究采用体积法进行配合比设计,取目标孔隙率为 20%、w/c 为 0.35 时,分别掺入 20%、30%、40%、50% 的粉煤灰、矿渣微粉或双掺方式分别拌制混凝土,通过试验得出对应的透水系数、抗压强度、抗折强度,从而得出外掺料及其掺量对混凝土透水性能的影响。

综上所述,采用适量的外掺料进行透水混凝土路面砖的配合比设计,可以节约生产成本,并且很好地利用工业废料废渣。

第五节　透水混凝土的孔隙率与透水系数关系的探讨

随着透水混凝土的生态环保优势逐渐引人瞩目,其使用性能也愈发引起人们的重视。由于透水混凝土是经特定工艺将集料黏结在一起形成连通孔隙的混凝土,它不但具有一定强度,同时可以在雨季及时排除路面积水,为汽车的安全行驶和居民行走方便创造了良好的条件,另外可以通过其连通的孔隙将雨水回流到地下,补充日益缺乏的地下水资源。经过不断实践,透水混凝土在使用过程中不但要具备一定强度,同时要具有良好的透水性,而这两个重要性能与透水混凝土的孔隙率有着密切关系。本节内容主要研究透水混凝土的孔隙率与透水性的关系。

对一定配合比的透水混凝土进行配制(见表2-2),进行规定试验,对实验数据进行分析。

一、孔隙率与透水系数的关系

从图2-33中透水混凝土的孔隙率与透水系数关系我们可以发现,透水系数和孔隙率并不是线性关系,但是两者之间又存在着相互关联,从图中可以看出,孔隙率大透水系数也大。利用指数函数进行拟合,拟合后所得混凝土透水系数与孔隙率的关系式如下:

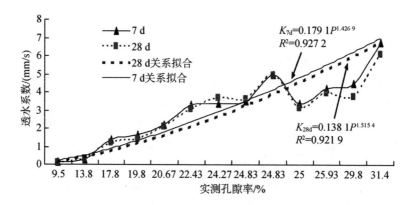

图2-33　实测孔隙率与透水系数关系

$K_{7d} = 0.179\,1 P^{1.426\,9}$　　且相关系数达到 0.927 2;

$K_{28d} = 0.138\,1 P^{1.515\,4}$　　且相关系数达到 0.921 9。

可以看出，透水系数随着孔隙率的增大而增大，这是因为随着孔隙率的增大，混凝土内部供水通过的连通孔道增多，实际过水面积增大以及水受到的阻力减少，导致水通过的量和速率增加，使透水系数增加。

二、7 d 与 28 d 透水系数的关系

从图 2-34 中可以看出，7 d 透水系数与 28 d 透水系数十分接近，但总体来说，28 d 透水系数较 7 d 的有降低的趋势，但降低幅度很小。究其原因，笔者认为一方面透水混凝土在 7 d 水化程度已经比较充分，所以 7 d 与 28 d 混凝土孔结构没有很大变化；另一方面，尚存在小部分水泥继续水化，使得 28 d 混凝土孔结构与 7 d 混凝土孔结构略有区别，但区别甚小，所以 28 天透水混凝土的透水系数虽比 7 d 透水系数有降低趋势，但降低幅度很小。

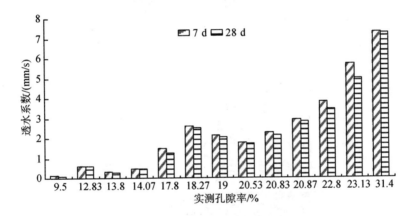

图 2-34　7 d、28 d 透水系数关系

在本试验条件下得出以下结论：

（1）孔隙率与透水系数之间的关系十分密切，在本试验条件下，两者之间存在如下关系：

$$K_{7d}=0.1791P^{1.4269}　相关系数为 0.9272；$$

$$K_{28d}=0.1381P^{1.5154}　相关系数为 0.9219。$$

（2）7 d 透水系数与 28 d 透水系数十分接近，一般 28 d 透水系数略有降低趋势。

本书采用体积法进行透水混凝土配合比设计，对透水试件的孔隙率进行测定，同时采用不变水头法利用自制透水仪进行透水试件的透水系数测定，在一定试验条件下得出孔隙率与透水系数关系、7 d 透水系数与 28 d 透水系数关系，

由于透水混凝土配合比设计较复杂,本试验结论对根据透水要求来确定孔隙率的方法进行配合比设计的透水混凝土有一定的借鉴意义。

第六节 道路透水混凝土铺装试验研究

透水混凝土路面能得到人们重视的主要原因是其改善环境的功能,而且其运用的地段往往是行人较多、对环境景观要求较高的地段,所以在设计时不仅要考虑强度满足,还要充分考虑其透水性。

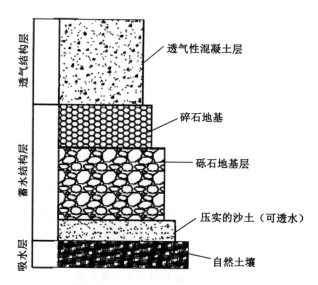

图 2-35 透水性混凝土路面结构

图 2-35 显示的是美国佛罗里达州透水性混凝土停车场断面图。这种透水性混凝土 28 d 抗压强度为 26.2 MPa,透水系数相当于 1.6 mm/s。该路面结构中,如果和普通混凝土路面做一个比较,可发现其有两点明显不同之处。首先,最大的不同就是基层。基层采用了两层形式,而且厚度差异和材料粒径差异都较大,从基层的组成可以看出,上基层主要是起过渡的作用,受力的功能主要是下基层承担。为了避免过大粒径的碎石基层导致透水混凝土面层被压挤破坏,所以在基层上部铺上厚度较小的细碎石上基层,而又为了获得较好的基层承载能力,下基层用了较大粒径的粗碎石基层,这样碎石间的嵌挤力能够提高。再者,是垫层的不同。为了使水分能够渗透至土壤中,就必须用能透水的材料,但又要防止经水泡过的路基土不至于挤入基层中,因此选用压实的细砂土较好。路基必须要进行检测与修整:路基应稳定、密实、均质,表面平整,对路面结构提

供均匀的支承,并在正式施工前采取有效的措施保证路基的稳定性。本试验中透水路面路基为透水层。

一、透水混凝土道路试验方案及施工

为了较好地说明透水混凝土的路面特点,本次道路试验方案如下:

在前期研究结果下,选用能满足路面要求(28 d 抗压强度达到 C25,透水系数达到 1 mm/s 以上)的透水混凝土配合比进行道路试验,总铺摊面积为 200 m²,其中 100 m² 为强度等级 C25 的普通混凝土;另外 100 m² 为透水混凝土路面,且包含 50 m² 为有面层的透水混凝土。

1. 无面层透水混凝土的搅拌、输送及施工

本次道路试验由于量较多,在商品混凝土搅拌站进行拌料。由于拌和物较为干硬,所以采用自卸式卡车运输至施工现场。为了防止运输时间过长造成混凝土凝结,在混合料中加入缓凝型外加剂。由于本次试验中采用的减水剂为有缓凝作用的高效减水剂,且透水混凝土拌和物为干硬性,所以运输时采用自卸式卡车运输。在浇注之前,路基必须先用水湿润,原因是透水性混凝土中的搅拌水量有限,如果路基材料再吸收其中部分拌和水,就会加速水泥的凝结,减少用于路面浇注、振捣、压实和接缝的时间,并且快速失水会减弱骨料间的黏结强度。本路面试验中透水混凝土摊平后采用平板振动台进行振动。施工好的透水混凝土路面见图 2-36,若透水混凝土浆体较多,施工后表面状态相差较大,图 2-37 为浆体过多的透水混凝土路面施工后的情况,浆体过多的透水混凝土的透水性能也较差。

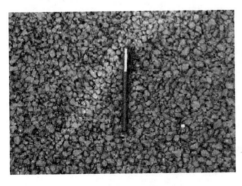

图 2-36 摊铺好的透水混凝土路面

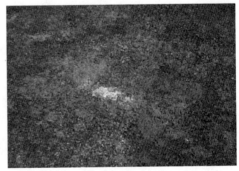

图 2-37 浆体过多的透水混凝土路面

试验中注意到,由于透水混凝土拌和物本身为干硬性,所以路面施工后表面也为干硬性,施工后就具有一定强度,从施工角度说比普通混凝土相对方便。但是透水混凝土施工之后如果不进行必要的养护(如覆盖草袋、聚氯乙烯薄膜

等),会对其使用性能有较大影响。尤其是早期养护,要注意避免混凝土中水分大量蒸发。

2. 有面层透水混凝土的搅拌、输送及施工

本次试验中 50 m² 为有面层的透水混凝土。本试验中面层配合比见表2-18。

表 2-18　透水混凝土面层材料配合比　　（单位:kg/m³）

粗集料	水泥	水	外加剂	目标孔隙率
1 600	400	100	5	10%

面层透水混凝土由于量不多,采用现场搅拌,在现场用手推车进行运输。面层施工方法与基层透水混凝土相差不大,将面层用铝制量尺摊平后(见图2-38)采用平板振动机进行振动。

3. C25 普通砼路面搅拌、输送及施工

为了使本次试验具有较好的对照性,普通混凝土路面的路基同透水混凝土路面,浇筑面积为 100 m²。

本试验混凝土量较多,在商品混凝土搅拌站进行拌料。混凝土拌和物坍落度较大,卸料不存在困难,所以采用商品混凝土搅拌车进行运输。由于普通混凝土坍落度较大,根据施工要求,采用插入式振动棒进行振捣,然后再用滚筒使表面平整。施工后三种路面的情况见图2-39。

图 2-38　透水砼路面面层的摊平

图 2-39　无面层、有面层的透水砼路面与普通砼路面比较

二、透水混凝土路面性能测试

本次路面混凝土性能主要是进行透水性能测试以及温度测试。

1. 透水性能

养护七d后,对路面进行透水性能测试。图 2-40 为透水混凝土路面透水

演示。为了与道路渗水试验相结合,本次路面透水性能测试采用路面渗水测试仪(见图2-41),测试时注意到,路面含水情况对其渗透性能影响很大。测试数据见表2-19。测试中注意到,路面含水情况对渗水性能测试结果影响比较大,所以在测试时应注意测试点的含水情况。每个点测试三次,取平均值。测试中还注意到,渗水测试仪与路面接触处的密封情况对渗水性能测试的影响较大,本试验中采用橡皮泥密封(见图2-41)。为了测试时便于观察,本试验中采用墨汁作为水中颜料。

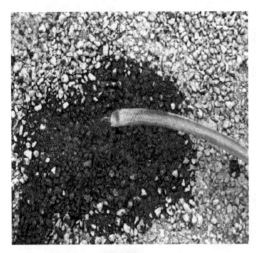

图 2-40　透水混凝土透水演示　　图 2-41　路面渗水测试仪

表 2-19　路面渗透性能测试

路面类型	路面情况	路面含水情况及其渗水系数/(mL/s)		
		全干	湿润	饱和
无面层	拌和物较干燥,硬化后起凸起石子较多	122	100	68
	拌和物有微浆,硬化后较完整	10	42	67
	拌和物浆较多,硬化后表面平整,几乎无表面空隙	18	8	7
有面层		/	/	30

2. 温度

为了能够比较形象地说明透水混凝土是生态型混凝土,能在一定程度上缓解热岛效应,是一种会"呼吸"的混凝土,所以进行了温度的对比测试。

实验方案如下:对试验的三种路面(普通混凝土、无面层的透水混凝土、有面层的透水混凝土)各取三个不同深度的点(深度分别为 2 cm、5 cm 和 10 cm),

见图2-42、图2-43、图2-44,运用TD-303数据采集系统(见图2-45)进行连续29 h的温度跟踪,将数据整理后见表2-20、表2-21,图2-46,图2-47,图2-48,图2-49,图2-50,图2-51。

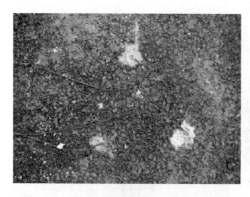

图2-42 无面层透水混凝土性能测温布点

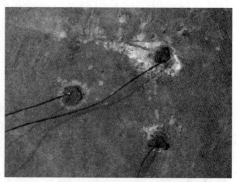

图2-43 有面层透水混凝土测温布点

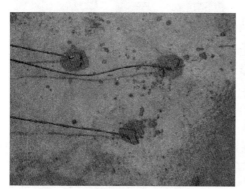

图2-44 普通混凝土测温布点

图2-45 现场测温TD-303数据采集系统

表2-20 各点温度汇总情况　　　　　　　　　　　(单位:℃)

代号	室外	室内	A1	B1	C1	代号	B2	C2	代号	A3	B3	C3
MAX	26.6	28.8	22	23.3	22.1	MAX	25	22.9	MAX	25.1	27.9	28.7
MIN	15.9	17.7	17.5	16.4	16.8	MIN	15.6	15.1	MIN	15.4	14.6	14.8
AVE	19.9	21.5	19.8	19.75	19.3	AVE	19.6	19.0	AVE	19.8	19.8	20.0
SUM	6 941.3	7 486	6 896	6 893	6 748	SUM	6 823	6 644	SUM	6 902	6 907	6 987

说明:字母　A—普通混凝土,B—有面层的透水混凝土,C—无面层的透水混凝土;
　　　数字　1—孔深度为10 cm,2—孔深度为5 cm,3—孔深度为2 cm。

表 2-21　相互各点温差汇总　　　　　　　　　　　　（单位：℃）

代号	B2-B1	C2-C1	代号	A3-A1	B3-B1	C3-C1	代号	B3-B2	C3-C2
MAX	1.7	0.8	MAX	3.1	4.6	8.2	MAX	2.9	5.8
MIN	−0.8	−1.7	MIN	−2.1	−1.8	−4	MIN	−1.0	−0.3
AVE	−0.2	−0.3	AVE	0	0.05	0.7	AVE	0.2	1
SUM	−70	−104	SUM	6	14.2	239	SUM	84	343

由图 2-46、图 2-47 和图 2-48 可以看出，A、B、C 三处不同深度的点中，均为 3 号点（深 2 cm）温度最低，1 号点（深 10 cm）温度最高。由图 2-49 可以看出，温度较高时，环境温度最高，C1 处最低；温度较低时，A1 处温度最高，环境温度最低。从图 2-50 可以看出，在 3 点处各点及环境温度都相差不大。从图 2-51 可以看出，3 点处和 1 点处的温差总是在 C 处（无面层的透水混凝土）最大（绝对值），在 A 处（普通混凝土）最小。从表 2-21 对数据的汇总情况来看，也可以很好地说明此结论。另外，由图 2-49 可以看出，点 A1 处与环境温度温差最大，点 C1、B1 处与环境温度相对较接近。

上述图表可以直观地说明，透水混凝土由于其孔隙率大，且多为开口孔，能较好地储存水分，从而起到缓解"热岛效应"的功能，称透水混凝土为会呼吸的混凝土是毫不夸张的。

本次现场试验尽管施工面积比较小，但是所获得数据仍能较好地说明透水混凝土的生态效应，这充分地说明透水混凝土的环保作用是立竿见影的。

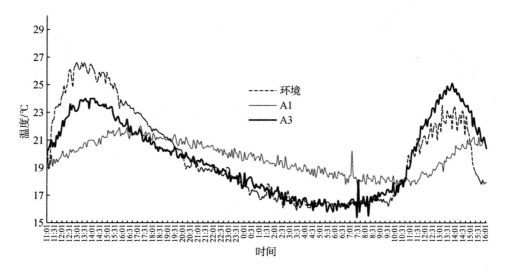

图 2-46　A 处温度变化

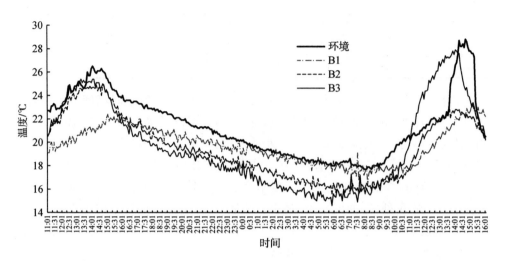

图 2-47 B 处温度变化

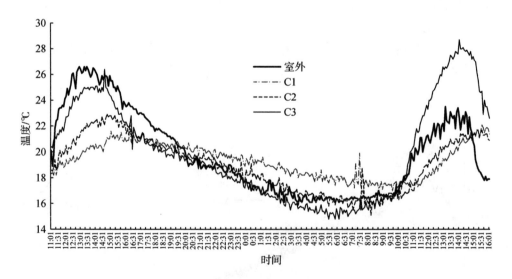

图 2-48 C 处温度变化

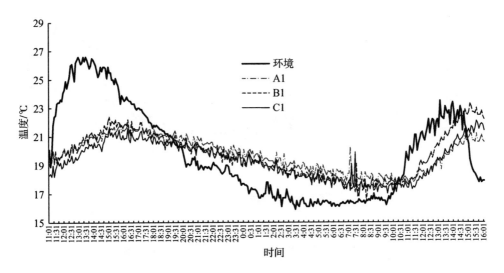

图 2-49　1 号点温度变化

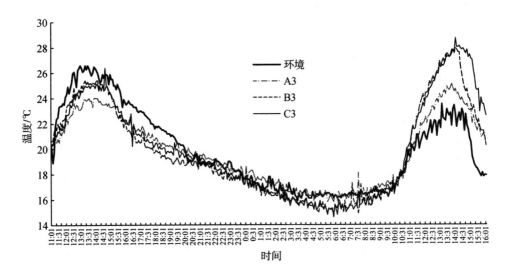

图 2-50　3 号点温度变化

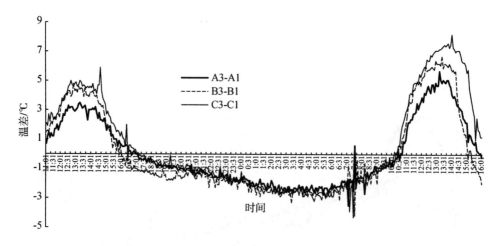

图 2-51　3 号点与 1 号点温差

通过路面渗水试验,验证透水混凝土具有良好的透水效果。29 h 的温度即时记录及比较分析的结果说明,透水混凝土是一种生态环保型混凝土。

第七节　透水砖的试验研究及研制

透水混凝土制品是道路和市政工程中透水混凝土的另一应用途径。透水砖是采用特殊级配集料、水泥、胶结剂和水等经特定工艺制成的。因集料级配特殊,故混凝土中含大量的连通孔隙,在下雨或路面积水时,水能沿这些贯通的"线路"顺利地渗入地下或存于路基中。

透水混凝土制品按透水方式可分为三类:正面透水型、侧面透水型和接缝透水型。本书主要研究的是正面型透水砖的复合型和单层型透水砖。

一、产品性能主要指标

透水砖的性能指标主要包括抗压强度、抗折强度(由于本透水砖产品的边长/厚度小于 5,所以抗折强度可以不予考虑)、耐磨性、保水性、透水系数、抗冻性等,由于时间限制,试验中对透水砖的抗压强度、透水系数进行了测试。在制作透水砖之前,首先是进行不同粗骨料不同配比的试块制作(见图 2-52),并进行性能测试,待试件测试性能满足要求后,再进行透水砖的制作,制成的透水砖见图 2-53。研究中发现,单层型透水砖制作简单,透水系数较大,但表层粗糙,耐磨性差,故后期对透水砖的研究主要放在复合型透水砖(见图 2-54)。

图 2-52 不同粒径粗骨料不同配比的透水试件

说明:图中粗骨料粒径范围从左到右分别为:5～10 mm、5～8 mm、2.5～5 mm、1.25～2.5 mm

图 2-53 透水砖

说明:基层均采用 2.5～5 mm 石英砂配置的透水砖,面层从左到右依次为:左一:面层采用 1.25～2.5 mm 砂配置,加红颜料;左二、左四:无面层;左三:同左一,加绿颜料;左五:无面层,但经过二次加料;左六:面层采用 6 号原砂。

图 2-54 单层型透水砖和复合型透水砖

说明:上部为复合型透水砖,有面层
　　　下部为单层型透水砖,无面层

二、透水砖的构造形式与配合比

1. 透水砖的构造形式

本研究中透水砖标准规格尺寸为边长 200 mm,厚度 60 mm,边长/厚度 = 3.33 小于 5。块体由复合材料组成。面层 5 mm 厚为特制砂浆,提高了面层的耐磨度,还便于掺加染料或人工彩砂,配制各种彩色质感透水砖。基层 55 mm 厚为小粒径粗骨料混凝土,在较高的抗压强度时仍具有较大的连通孔隙率,确保透水性。其断面见图 2-55。

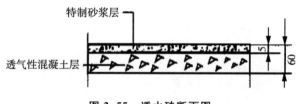

图 2-55 透水砖断面图

2. 面层、基层配合比

(1) 面层配合比

面层采用特殊级配的砂、水泥、水三种基本原材料,并掺入外加剂,同时掺入适量颜料增加色彩。经过大量试验,采用水灰比 0.25,集灰比 4.0,目标孔隙率 10%,外加剂掺量为 1.25%,颜料用量为 0.8% 的配合比制备面层。表 2-22 所列即为面层各种原材料单位体积用量。

表 2-22 透水砖面层材料配合比 （单位:kg/m³）

粗集料	水泥	水	外加剂	颜料	目标孔隙率
1 600	400	100	5	3.2	10%

(2) 基层配合比

基层采用特殊级配的砂、水泥、水和高效减水剂四种基本原材料,按水灰比 0.23,集灰比 3.2,目标孔隙率 15%,外加剂掺量为胶凝材料用量的 1.0%,计算基层配合比。表 2-23 所列即为基层各种原材料单位体积用量。

表 2-23 透水砖基层材料配合比 （单位:kg/m³）

粗集料	水泥	水	外加剂	目标孔隙率
1 600	500	114	5.0	15%

三、透水砖的制备与制备工艺

通过试验,我们对透水砖的制备工艺、原材料配合比、养护方法等进行了大量的摸索。确定了采用基层和面层复合成型,面层厚度 5 mm,基层厚度 55 mm,原材料配合比见表 2-22、表 2-23,采用特殊成型工艺,养护方法采用标准养护。本研究透水砖的制备工艺流程见图 2-56。

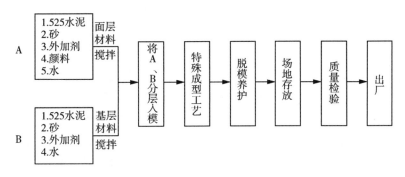

图 2-56　透水砖制备工艺流程简图

四、产品性能测试结果

最终产品各项性能见表 2-24。图 2-57 是透水砖成品的效果图。试验中考虑透水砖的美观,选用了铁红和绿色两种颜色作为表层颜色。图 2-58 是该产品的透水状态演示。

表 2-24　本试验透水砖性能

性能	7 d 透水系数/(mm/s)	7 d 抗压强度/MPa	28 d 抗压强度 MPa	$\rho_{0干}/(kg/m^3)$
基层	0.39	34.87	41.30	2 034
面层	0.82	19.65	33.89	2 025

图 2-57　透水砖产品

图 2-58　透水砖的透水性演示

透水砖铺装工艺同普通路面铺地砖有很大的区别,在铺装中特别要注意的是保持其特殊的透水特性。能否达到透水效果从而改善路面及小区的环境,很大程度上取决于基层组成的合理性。施工过程中为获得透水系统的良好性,达到较好的透水效果,其缓冲层多采用中砂、低骨灰比和低水灰比的水泥混合砂浆,从而具有较好的受压缓冲能力;下层采用开放式透水性路基,使用窄级配(骨料粒径大致在 7～40 mm)、低骨灰比和低水灰比的混凝土。在铺装中采用压实的方法,从而获得达到一定强度(28 d 达 20 MPa)的混凝土路基,减少在地下蓄水层储藏一定的积水后造成路面下沉的现象。这种特殊的混凝土具有较大的连通孔隙率,在实际铺装完毕后,能够起到引导通过透水砖的渗透水快速下行的效果,减少因长时间下雨或雨量偏大时路面径流的出现,同时可以满足较大的蓄水性能。另外,在较长时间空气干燥的环境下,可以通过蒸发作用使该层蓄含的水分透过路面散失在空气中,达到增大空气湿度、降低地面温度、调节周围环境的效果。

以杭州市为例,城市化的进程已经严重影响了作为国际知名旅游城市的气候环境。据目前研究表明,杭州历年平均气温变化在 15.5～18.0 ℃ 之间,气温呈逐步上升的趋势;杭州城市热岛效应越来越明显,最强时可达 4～5 ℃,在夏秋晴朗的午夜尤为突出;20 世纪 90 年代以后降水量增多,洪涝出现的频率明显增加;城市风力的减弱,降低了污染的扩散能力。杭州城市气候环境变化,已经严重影响到了城市的正常四季轮回,增加了能耗,进一步危害到了人们的生活质量和人体健康。图 2-59 为夏季铺装材料对城市地表温度降低的影响情形。

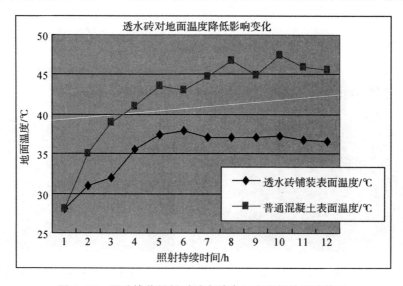

图 2-59　夏季铺装材料对城市地表温度降低的影响情形

根据图 2-59 可知，采用透水砖铺装的地面明显降低了由于地面蒸发引起的地面温度上升的影响，数据证明了该产品在改善城市地表温度方面具有良好的效果，值得推广使用。

同时，随着透水砖代替普通混凝土铺地材料的广泛应用，其在城市绿化方面的贡献也会越来越突出。作为一种具有良好孔隙率的铺装材料，它在园林管理方面一定程度上解决了人工定点灌溉中造成的给水率不均匀、润湿土体积小等难题；其具有良好透气性能，又为植物的成长创造了一定生理环境基础，同样也会对植物的根系成长起到防止物理受损的保护作用。

本节对正面型透水砖的类型、砖自身形式、配合比、制备及成型工艺等进行了研究，研制出一定性能指标的透水砖产品。对透水砖的铺装工艺提出建议并对其应用效果进行研究，展示了透水砖应用的广泛前景。

透水砖作为一种缓解城市环境恶化的新型生态产品，其特有的较大连通孔隙率和良好的透水性能，保证了城市的雨水以及路面其他原因造成的积水顺利下行，直接渗透到地表下，减少了路面径流的影响。较大的空隙率，也能在城市降噪中发挥作用，对于储蓄在其中的水分，在干燥的气候环境下，也可以通过蒸发的形态散失在空气中，从而改善了城市的温度气候环境。作为一种新型的生态环境改善产品，随着应用的不断扩大，其特有的性能将得到不断认同，透水砖的应用前景将受到越来越多的关注。

第三章 透水铺装技术在浙中地区的应用研究

第一节 浙中地区铺装现状

一、浙中地区地域特点和发展概况

根据浙中城市群规划（2008—2020），包括金华市域的9个县（市、区），以及衢州市的龙游县、丽水市的缙云县，将共同组建浙中城市群。

浙中城市群将形成"一主一次"发展轴，即金义线是未来城市群最重要的发展轴线，并形成联结兰溪—金华—武义—永康—磐安—东阳—义乌—浦江的发展次轴线。金华、义乌间将发展快速交通，将主轴线上的县市域中心城市和重要城镇串联起来。整个城市群，将围绕"一主、两副"，即金华、义乌主中心城市，永康、东阳副中心城市，形成五级中心体系，即主中心城市、副中心城市、县市域中心城市、重点镇和一般镇。一个城市群，一个大家庭，各县（市、区）原有行政区划将进一步服从于共同发展的需要。而在空间资源的合理配置、公共设施的共建共享、生态环境的共建共保等重大问题上，城市群将作为一个整体协调用力。

一系列"蝶变"后，浙中城市群将成为浙江接轨上海、融入长三角，参与全球竞争的重要平台，更快、更好地带动浙江中西部欠发达地区的发展，从而提升浙江在全国的整体竞争力。

空间发展框架：构建网络型城市群，形成"一个核心区域、两条发展带、三个城镇集群、两个支撑网络"的空间发展框架。**两个支撑网络**：一是生态环境保护网络，由"一心、两带、三片、放射廊道"构成，以建设全省生态屏障和生态城市为目标，形成以生态环境保护、旅游休闲、界定城镇发展形态为主的生态绿地网络;二是基础设施网络,由交通、能源、通信等功能组成,形成城市群内部同城化的设施载体,强化城市群与周边城市的联系。**生态空间格局**:一心、两带、三片、放射廊道。一心:以金华盆地中部的丘陵山地为主体构成城市群生态支持体系的核心,为城市群的"绿肺"。两带:以东阳江-义乌江-金华江-兰江为主轴的生态带,以宣平港-武义江-永康江为主轴的生态带,保障水安全格局。三片:以城市群东部、东北部大盘山、会稽山为主体;以北部、西北部龙门山及千里岗山脉为主体;以南部仙霞岭山脉为主体,构建城市群区域生态屏障,起到重要的生物栖息、水土保持以及区域防灾功能。放射廊道:从绿心串联外围生态空间的放射状生态隔离廊道,以加强各自然"斑块"之间、"斑块"和"种源"之间的生态联系,维护区域生态系统的稳定和健康。

二、浙中地区既有铺装及其存在的主要问题

传统浙中城市的建设,多为硬化路面。雨水来临时,多依附管渠、泵站等"灰色"设备来排水,其排水设计理念为"快速排除"和"末端集中"控制,这使得多雨的浙中地区城市在雨水较大时容易形成逢大暴雨必涝的"看海城市"。路面不透水,降雨时雨水对地下水的增补被阻隔,使下降的地下水位难以复原;另一方面,雨水从路面散失到排水管道泄水,使城市变为地表干燥地区,城市扬尘加重,地表干燥还给城市绿化带来很大难题。大雨时在路面产生的水坑往往会存在好几天,易发流行病,对城市卫生影响极大。硬化路面吸收、贮存并反射太阳的热量,可使地温升高;这不但会加大城市夏季的酷热,降低城市生活的舒适感,还增加城市生活中为降温付出的能源耗费。以前城市建设者们以为美观等于舒适,实际上人们是在舒适中寻找美观,而不是在美观中舒适。现实也显示我们的马路不再"温顺",甚至谈恋爱逛马路的锐减。硬化路面还会造成诸多环境和生态负效应,与城市中日益增加的空气污染相结合,会加速浙中城市热岛效应的构成;对本地动植物生态非常不利,也会影响到由这些动植物组成的地面生态系统和生物活动;硬化路面会拆散一些相互依赖而生长的动植物群的生态空间,这对保护浙中城市中的生态小岛不利。不透水地面使大量降水通过地下管道与城市生活污水混合,直接排入城郊沟谷或污水处理厂,既浪费了大量降水资源,又增添了污水处理及污水排放量。随着城市道路表面硬化的增加,导致更多雨水不能充分渗入地下,使雨水管道的负担加重。随着极端天气的频繁出现,雨水管道排水能力无法满足瞬间的雨水径流量,从而造成城市内涝。构建海绵城市的核心内容之一是平衡水资源,在城市建设中,采纳透水混凝土路面处理雨水和地下水之间的回补和释放是海绵城市道路建设的主要方法。从图 3-1 可以看出,采用透水性铺装,大量雨水可贮存在透水层;采用不透水铺

装(水泥路面),大量雨水会增加地表径流或形成水坑。

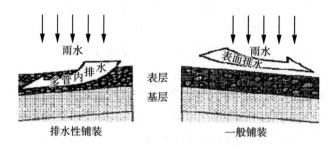

图 3-1　排水性铺装和一般铺装的雨水排放方式

海绵城市的建设,注重"慢排缓释"和"源头分散"控制,对雨水采用"渗、滞、蓄、净、用、排"等多种措施。结合浙中地区绿植丰富、雨水充沛且地下水位较高的实际现状,浙中地区在海绵城市建设中采用的透水铺装海绵体,主要对雨水采用"渗、排"的措施,结合其他附属设施(如透水管、蓄水池、净水设施等)可以对雨水采用"净、用"等措施。

第二节　浙中地区发展透水铺装的必要性和探索

一、浙中地区发展海绵城市的途径

海绵城市的建设关键在于不断提高"海绵体"的规模和质量。金华海绵城市建设的目标是让城市"弹性适应"环境变化与自然灾害。主要通过如下途径实现:

(1) 保护原有水生态系统

对浙中城市原有的"海绵体"进行有效保护,最大限度保护原有河湖水系、生态体系并维持城市开发前的自然水文特征。

如尖峰山高尚休闲生活示范区,位于金华城市中心轴线的北端,是城市向双龙风景区过渡的重要区块。项目策划范围:西至罗店镇西侧,北至智者寺、尖峰山脚,东至规划次干道,南至杭金衢高速公路,总用地面积约 10 km²,是金华人文旅游的示范区、健康养生的体验区和高尚生活的居住区。区域年径流总量控制率均为 80%,对应的设计降雨量为 24.7 mm(日值)。以乾溪及乾溪支流河流廊道作为区块雨水调蓄及排放的主要设施,主要承担地块内雨水调蓄以及排放的功能;在没有河流廊道穿过的地块设置雨水花园、生物滞留池等海绵设施,蓄滞地块内部分雨水,增加雨水下渗,削减雨水径流峰值,是婺文化公园山上来水的主要调蓄水库,蓄滞雨洪,削减下游城市排涝压力。

（2）恢复被破坏水生态

对传统粗放建设破坏的生态给予恢复,保持一定比例的城市生态空间,推广河长制、治理水污染。恢复和修复已受到破坏的"海绵体"主要包含:生态水利;恢复水系;修复污染水体等。创建一定规模的"海绵体":清淤扩大规模;与岸上衔接、地下联系;水系连通。海绵体综合利用"渗、滞、蓄、净、用、排"工程体系。

如湖海塘地块示范区,位于金华经济技术开发区的西南角,北依中心城区,南靠石门农场生态休闲区,西面是金华工业园区南区,地块是城市与南山休闲生态旅游区连接的纽带。地块东临双龙南街、南至二环南路、北至330国道、西至康迪路,用地面积约$3.6\ km^2$,其中水域面积约$1.2\ km^2$。功能定位:规划从湖海塘地块在城市中所处的地位和功能出发,以湖区生态景观为特色,注入文化时尚元素,将湖海塘定位为"金华西湖、城市客厅",致力于将湖海塘打造成为集运动健身、生态休闲、文化体验、品质居住等功能于一体的城市运动休闲和品质居住区,慢生活的城市公共空间。区域有金华市区最大景观水体湖海塘,周边有大面积绿地。区块东侧为武义江,滨江部分有大面积绿地,可充分发挥绿地水体的蓄滞雨水的功能。区域年径流总量控制目标为80%,对应的设计降雨量为24.7 mm（日值）。武义江滨江绿地为一级河流廊道,安地水库中干渠、湖海塘、湖海塘泄洪渠为二级河流廊道,区域南部水渠为三级河流廊道,在此基础上布置地块间雨水通道以及地块内雨水通道,组织区块内部排水系统。地块雨水优先依靠邻近公共绿地或地块内部附属绿地的海绵设施进行调蓄,金色蓝庭、香湖、格林春晓、金桂院、银桂院等无绿地调蓄空间的已建小区雨水通过雨水管网排入滨江绿地进行调蓄。

（3）低影响开发

合理控制开发强度,减少对浙中城市原有水生态环境的破坏,留足生态用地,增加水域面积,促进雨水积存净化,通过减少径流量,减轻暴雨对浙中城市运行的影响。

如金华市中心中央商务示范区具有小街区、密路网的城市特征,用地紧张、建筑密集,缺乏可供大量蓄水的湖库。在海绵城市建设中,区块的首要任务是保证雨水的快速下渗、削减雨水峰值,防止内涝产生。依据海绵城市规划,该区域年径流总量控制目标为80%,对应的设计降雨量为24.7 mm（日值）。义乌江、武义江滨江绿地为一级河流廊道,内部"C"字形环形绿地为三级河流廊道,构成区域雨水传输通道。赤山公园和巢塘水库为二级斑块,对区域的雨水进行调蓄和净化。在此基础上布设地块间雨水通道和地块雨水调蓄设施。地块雨水全部依靠邻近公共绿地或地块内部附属绿地的海绵设施进行调蓄,超过调蓄容积的雨水通过廊道系统溢流。

(4) 通过减少径流量,减轻暴雨对城市运行的影响

地表径流量是海绵城市的重要指标,传统浙中城市建设为硬化地面,为"快速排水"模式,地表径流量高达80%左右,易形成城市内涝。海绵城市的建设,注重"慢排缓释"和"源头分散"控制,对雨水采用"渗、滞、蓄、净、用、排"等多种措施,将地表径流量降低为40%以下,不再形成浙中城市"看海"模式。

如二七新村改造区,该项目位于婺江西路北侧、规划路东侧。该期拟建建筑总占地面积 $4\ 602.54\ m^2$,计容积率建筑面积 $39\ 490.32\ m^2$,不计容积率建筑面积 $15\ 929.04\ m^2$。区块居住用地布置集中且地块面积较大,建筑多为高层,且地下空间开发强度大,雨水自然下渗面少,适宜集中布置雨水调蓄设施进行雨水回收再利用。南部用地紧邻公共绿地,可进行集中调蓄和下渗。依据海绵城市规划,该区域为老城改造区,不透水地面面积比例较大,改造难度较大。因此,年径流总量控制目标为71%,对应的设计降雨量为 $18.5\ mm$(日值)。金华江滨江绿地为一级河流廊道,其他公共绿地与广场用地为二级斑块,对雨水进行调蓄和净化,并传输到一级河流廊道。在此基础上布设地块间雨水通道和地块雨水调蓄设施。地块雨水全部依靠邻近公共绿地或地块内部附属绿地的海绵设施进行调蓄,超过调蓄容积的雨水通过廊道系统溢流。

金华海绵城市的建设,利用金华市自身水系发达、绿化率高的特点,构建防洪大海绵、排涝中海绵、入渗调蓄小海绵的大中小海绵体系,通过几个海绵示范区的建设,保护原有水生态系统、恢复被破坏水生态、低影响开发及减少径流量等小目标最终得以实现(见图 3-2)。

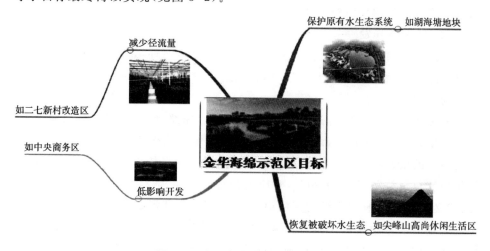

图 3-2　金华海绵城市示范区目标

二、浙中地区海绵示范区的海绵体构造

浙中地区在海绵城市发展过程中,仅金华海绵示范区试点项目总共40个,有公建类项目、公园绿地类项目、道路类项目、生态修复类项目及其他类项目等。各示范区项目类别统计见表3-1。

表3-1 金华海绵示范区项目统计

金华海绵示范区名称	项目总数	公建类项目数量	公园绿地类项目数量	道路类项目数量	生态修复类项目数量	其他类项目数量
多湖中央商务区	22	6	6	7	/	3
二七新村改造区块	7	/	/	1	1	5
湖海塘运动休闲区块	8	1	1	1	2	3
尖峰山高尚休闲生活区块	3	1	1	/	1	/
共计	40	8	8	9	4	11

海绵城市的建立是通过若干小"海绵体"的建立及连接而形成,金华五大海绵示范区的不同项目类型有不同功能,其对应的海绵体主要类型亦有所不同,详见表3-2。

表3-2 项目类型及其对应的主要海绵体类型

项目类型	公建类项目	公园绿地类项目	道路类项目	生态修复类项目	其他类项目
海绵体主要类型	透水铺装、雨水调蓄设施、绿色屋顶、可渗透铺装改造等	下沉式绿地、透水铺装、慢行系统建设、绿化、生态水域、景观建筑及配套路等	雨、污管网;道路海绵化改造等;人行道透水铺装、下沉式绿地等	下沉式绿地、透水铺装、慢行系统建设等	新建排涝站、城中村改造、渗透铺装改造、下洼绿地改造、村管网提升改造等
关键作用	创建一定规模的"海绵体"	划定河湖空间保护范围,对城市原有的"海绵体"进行有效保护	创建一定规模的"海绵体";"渗、滞、蓄、净、用、排"工程体系	恢复和修复已受到破坏的"海绵体"	"渗、滞、蓄、净、用、排"工程体系

三、透水铺装的作用

建海绵城市就要有"海绵体",可渗透路面是城市"海绵体"主要配套设施之一。雨水通过"海绵体"下渗、滞蓄、净化、回用,最后剩余部分径流通过城市原有的管网、泵站疏通,从而可更好靠近"海绵城市建立的指标核心"——使80%的降雨就地消纳和使用。按照《海绵城市建设技术指南》,海绵城市建设要以城市建筑、小区、道路、绿地与广场等修建为载体,道路、广场尽量采用透水铺装。从图3-3可知,非机动车道、人行道、绿化带等荷载较小处采用透水铺装对雨水

下渗效果较好。

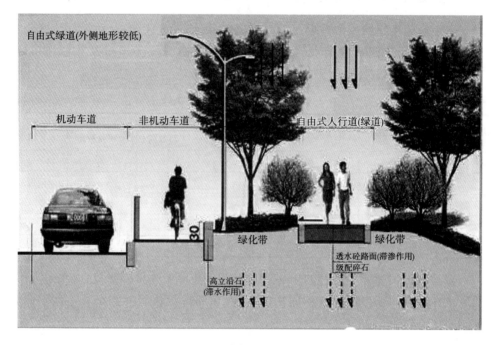

图 3-3　部分道路的透水铺装示意图

透水混凝土也称多孔砼，是由单一级配骨料、胶结材料、水及添加剂等经合适比例拌制而成的一种有较大连续空隙的轻质混凝土或制品，具有透气、透水和重量轻等特点。为适应城市发展的需要，透水铺装可在一定程度上增加大气湿度、减少空气含尘量、降低交通导致的噪音、减缓"热岛效应"。现场铺设的透水混凝土路面是可以让雨水向混凝土面层及基层渗透的结构体，能使雨水临时储存在结构体的空隙里，环境干燥时水分可蒸发，还能让土层中的水分通过结构体空隙自然蒸发，从而起到调节微环境的作用。常见的透水混凝土铺装由透水面层、透水结构层、砂滤层、透水基层及路基等组成（见图3-4）。透水混凝土在国内还处于发展阶段，目前还局限在小区道路、非机动车道、停车场、园林工程中的人行道、步行街等路面工程。随着透水铺装研发的进一步深化，透水混凝土的运用前景会更广。另外，透水混凝土可根据需要色彩多样、图案丰富。

早在20世纪七八十年代，欧美及日本等发达国家为解决用雨水回补过度开采的地下水问题，开始研究和运用透水混凝土技术，并成功应用于城市建设中。我国的透水混凝土应用始于21世纪初。随着我国城市化进程和城镇建设飞速发展，各大中型城市硬地覆盖率急速上升，城市的交通和环境问题凸显。热岛效应、气候干燥、雾霾增多、城市内涝等现象频发，引发了对于传统市政建

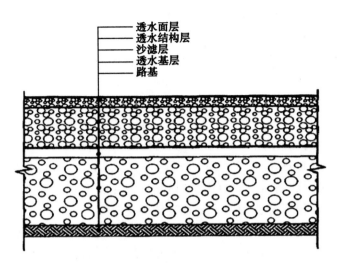

图 3-4　透水混凝土路面结构剖面图

设采用铺装简单、成本低廉但给城市生态环境带来负面影响的不透水材料的反思。透水混凝土和透水砖是环境友好型材料的典型代表,具有较强透水性,雨水会迅速渗入地下,增补城市地下水。这种材料对维护自然、保持生态平衡、缓解城市热岛效应、持续人类生存环境的良性开展及城市雨水治理等工作意义深远。

第三节　透水铺装技术

浙中地区属中亚热带季风气候,四季分明,年温适中,热量丰富,雨量较多,有明显干、湿两季。盆地小气候多样,有一定垂直差异,灾害性天气频繁。海绵城市建设推出之前,浙中地区很多地方水体质量较差,无法嬉戏,更不能形成景观。海绵城市建设的目的是使城市逐渐变得可以自由呼吸,成为"山水林田湖"一体的"生命共同体"。从技术层面讲,海绵城市建设应综合遵循"渗、滞、蓄、净、用、排"六字方针。透水铺装作为海绵城市建设中可塑性较高的"渗、滞、蓄"载体,其铺装技术有一定要求,下面分别就面层为透水混凝土和透水砖不同材质的透水铺装技术进行介绍,为后续相关案例做铺垫。

一、透水混凝土路面技术

对新建、改建和扩建城镇道路、广场、停车场采用透水混凝土路面的设计、施工和验收在进行透水混凝土路面铺设时,不仅要质量可靠,同时要经济合理。

结合浙中地区气候地貌现状,透水混凝土路面应符合浙江省住房和城乡建设厅2018年最新推出的《透水混凝土路面应用技术规程》(DB33/T 1153—2018),该规程是结合浙江海绵城市建设实际状况,在原有行业标准《透水水泥混凝土路面技术规程》(CJJ/T 135)的基础上制定的。

1. 原材料

水泥应采用强度等级不低于42.5级的硅酸盐水泥或普通硅酸盐水泥。透水混凝土面层集料应采用2.4～4.75 mm、4.75～9.5 mm、9.5～13.2 mm的单粒级或间断级配碎石,碎石应质地坚硬、耐久、洁净、密实,性能指标应符合现行国家标准《建设用卵石、碎石》(GB/T 14685)中Ⅱ类碎石的要求。透水基层集料宜采用最大粒径不超过31.5 mm的连续级配碎石。

矿物掺合料的性能指标应符合现行国家标准《矿物掺合料应用技术规范》(GB/T 51003)的规定;透水水泥混凝土采用的外加剂、增强料、拌合用水等材料应符合现行行业标准《透水水泥混凝土路面技术规程》(CJJ/T 135)和相应产品标准的要求。透水水泥混凝土路面用嵌缝材料应符合现行行业标准《水泥混凝土路面嵌缝密封材料》(JT/T 589)的规定。

2. 配合比设计

透水砼配合比采用填充理论及体积法计算,其强度必须通过试验确定。每立方米透水混凝土中材料的推荐用量为:胶凝材料:300～450 kg;(增强料与水泥)碎石料:1 300～1 500 kg;水胶比:0.28～0.32。彩色透水混凝土颜料掺入量根据工程要求,经现场试验后确定。本书案例所采用的透水砼均根据需要采用专业透水砼拌制运送现场进行施工。

3. 透水砼路面设计

透水铺装是海绵城市—低影响开发雨水系统的重要组成部分,透水混凝土路面的应用应统筹协调雨水资源利用的各个环节,应当和当地雨水排放规划和雨水利用要求相结合,与小区建筑规划相结合。透水混凝土路面设计应与相关的道路设计、给排水设计、管线设计等专业密切配合、相互协调,确保透水混凝土路面工程质量。透水混凝土路面的设计与施工,应考虑地形条件、景观要求、荷载状况、施工条件等因素,选择合适的色彩组合和结构形式。

透水混凝土路面按照透水方式分为半透式基层、全透式基层。

半透式路面透水水泥混凝土面层抗压强度不应小于30 MPa,弯拉强度不应小于3.5 MPa,基层宜采用混凝土基层与稳定土基层或石灰、粉煤灰稳定砂砾基层组成的组合基层,混凝土基层的抗压强度等级不应小于C20,路面结构见图3-5。

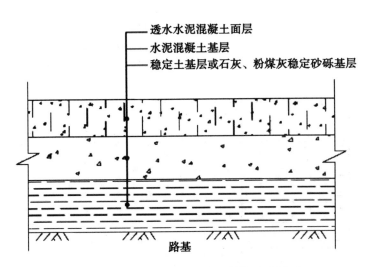

图 3-5 半透式透水砼路面结构示意图

人行道设计采用全透式路面时,透水水泥混凝土面层抗压强度不应小于 20 MPa,弯拉强度不应小于 2.5 MPa,基层可采用级配砂砾、级配碎石及级配砾石透水基层。非机动车道、停车场、广场采用全透式路面时,透水水泥混凝土面层抗压强度不应小于 30 MPa,弯拉强度不应小于 3.5 MPa,基层可采用多孔隙水泥稳定碎石和级配砂砾、级配碎石及级配砾石的组合透水基层。路面结构见图 3-6 和图 3-7。

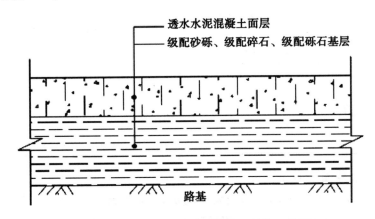

图 3-6 全透式透水砼人行道路面结构示意图

透水混凝土路面基层、面层厚度设计应综合考虑当地降雨强度、路基渗透系数、连续孔隙率等因素,并符合表 3-3 的规定。

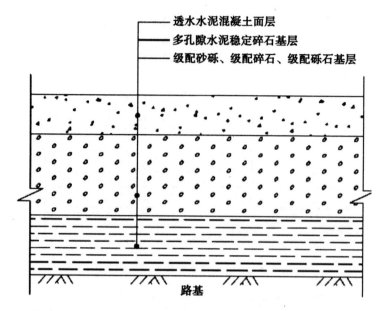

图 3-7 全透式透水砼非机动车道、停车场、广场路面结构示意图

表 3-3 透水砼路面结构层厚度 （单位：mm）

路面结构类型		路面结构层		厚度
半透式路面		透水砼面层	透水砼	≥180
		组合基层	砼	≥150
			稳定土或石灰、粉煤灰稳定砂砾	≥150
全透式路面	人行道	透水砼面层	透水砼	≥80
		透水基层	级配砂砾、级配碎石及级配砾石	≥150
	非机动车道、停车场及广场	透水砼面层	透水砼	≥180
		透水组合基层	多孔隙水泥稳定碎石	≥200
			级配砂砾、级配碎石及级配砾石	≥150

4. 透水砼面层施工

透水砼的压实宜采用专用低频振动机械，其原理是低频振动带平移压实，既起压实作用，又起平整作用。用低频振动机械振动时，应防止在同一处振动时间过长而出现离析现象，以及过于密实而影响透水率。透水混凝土面层施工期间，施工人员应穿减压鞋，减少施工人员自重影响。减压鞋是透水混凝土作业人员的专用工具，主要是增大接触面积，减少施工时对透水水泥混凝土面层的破坏。压实时应辅以人工补料及找平，找平时施工人员应穿上平底胶鞋或减

压鞋进行操作。透水水泥混凝土压实后,宜使用抹平机对透水水泥混凝土面层进行收面,必要时应配合人工拍实、整平。整平时必须保持模板顶面平整、整洁。路面缩缝切割深度宜为面层厚度的 1/2~1/3;路面胀缝应与路面厚度相同。施工中施工缝可代替缩缝。施工中的缩缝、胀缝均应嵌入弹性嵌缝材料。

5. 摊铺、压实

透水混凝土拌合物摊铺前,应对模板的高度、支撑稳定情况等进行全面检查。透水混凝土拌合物摊铺时,以人工均匀摊铺,找准平整度与排水坡度,摊铺厚度应考虑其摊铺系数,其松铺系数宜为 1.1。施工时对边角处特别注意有无缺料现象,要及时补料进行人工压实。透水混凝土宜采用专用低频振动压实机,或采用平板振动器振动和专用滚压工具滚压。用平板振动器振动时避免在一个位置上持续振动使用振动器振捣;采用专用低频振动压实机压实时应辅以人工补料及找平。人工找平时,施工人员应穿上减压鞋进行操作,并应随时检查模板,如有下沉、变形或松动,应及时纠正。透水混凝土压实后,宜使用机械对透水性混凝土面层进行收面,必要时配合人工拍实、抹平。整平时必须保持模板顶面整洁,接缝处板面平整。透水混凝土拌制浇筑注意避免地表温度在 40 ℃ 以上施工,同时不得在雨天和冬期施工。透水混凝土面层施工后,宜在 48 h 内涂刷保护剂。涂刷保护剂前,面层应进行清洁。

6. 养护

透水混凝土面层施工完毕后应进行养护,宜采用塑料薄膜覆盖等方法养护,养护时间不宜少于 14 d。路面未达到设计强度前不得投入使用。

透水水泥混凝土施工后必须进行保湿养护一定的时间,使其强度在湿润状态下逐渐提高。透水水泥混凝土初凝时间短,施工后基本已初凝,为保湿与防止污染,施工后在透水水泥混凝土表面覆保湿膜、土工布等覆盖物,并均匀洒水,保持透水水泥混凝土的湿润状态。

洒水只能以淋的方式,不能用高压水枪冲洒。养护时间视环境气温不同而不同,一般不低于 14 d。

透水砼路面在养护期间,应禁止车辆通行,以保证孔隙内清洁,防止被泥土、油污类污染而降低透水性能,同时避免透水水泥混凝土未达到设计强度而遭到破坏。

7. 使用后维护

透水砼铺装使用后,根据需要采用负压真空清洗进行适当养护,一般为一年一次。若养护区域较为整洁或污染较重,可适当放宽或加密养护。

二、透水砖路面技术

结合浙中地区气候地貌现状,透水砖路面的设计、施工、验收、维护等应符合《透水砖路面技术规程》(CJJ/T 188—2012)的规定。透水砖铺装可用于轻型荷载道路、停车场和广场及人行道、步行街等处。

1. 材料

透水砖的透水系数应大于 1.0×10^{-2} cm/s,外观质量、尺寸偏差、力学性能、物理性能等其他要求应符合现行行业标准《透水砖》(JC/T 945—2005)的规定。用于铺筑人行道的透水砖其防滑性能(BPN)不应小于 60。耐磨性不应大于 35 mm。透水砖中的细集料宜采用机制砂。

2. 设计

透水砖路面结构层的组合设计,应根据路面荷载、地基承载力、土基的均质性、地下水的分布以及季节冻胀等情况进行,并应满足结构层强度、透水、储水能力及抗冻性等要求。

透水砖路面应根据实际情况并结合其他排水设施设置纵横坡度。透水砖路面的设计应满足当地 2 年一遇的暴雨强度下,持续降雨 60 min,表面不应产生径流的透(排)水要求。合理使用年限宜为 8～10 年。

透水砖路面结构层应由透水砖面层、找平层、基层、垫层组成。透水砖面层与基层之间应设置找平层,其透水性能不宜低于面层所采用的透水砖。

找平层可采用中砂、粗砂或干硬性水泥砂浆,厚度宜为 20～30 mm。这次调研中采用透水砖铺装的路面,找平层均采用中粗砂。

基层类型包括刚性基层、半刚性基层和柔性基层,可根据地区资源差异选择透水粒料基层、透水水泥混凝土基层、水泥稳定碎石基层等类型,并应具有足够的强度、透水性和水稳定性。连续孔隙率不应小于 10%。本次在浙中地区的调研案例中,基层材料有的是粗粒径透水混凝土,有的是级配碎石,均满足要求。

透水砖铺装的土基在本次调研案例中均要求达到素土夯实 94% 以上。

3. 透水砖面层施工

透水砖铺筑时,基准点和基准面应根据平面设计图、工程规模及透水砖规格、块形及尺寸设置。透水砖的铺筑应从透水砖基准点开始,并以透水砖基准线为基准,按设计图铺筑。铺筑透水砖路面应纵横拉通线铺筑,每 3～5 m 设置基准点。透水砖铺筑中,应随时检查牢固性与平整度,应及时进行修整。透水砖之间的接缝宜采用中砂灌缝。人行道、广场等透水砖路面的边缘部位应设有路缘石。透水砖铺筑完成后,表面敲实,应及时清除砖面上的杂物、碎屑,面砖上不得有残留水泥砂浆。面层铺筑完成后基层未达到规定强度前,严禁车辆进入。

4. 验收及维护

透水砖路面交付使用后应根据需要定期进行维护,保证其正常的透水功能。当透水砖路面的透水功能减弱后,可利用高压水流冲洗透水砖表面或利用真空吸附法清洁透水砖表面进行恢复。一般为一年一次。若养护区域较为整洁或污染较重,可适当放宽或加密养护。

第四章 透水铺装技术在工厂建设中的应用

第一节 海绵城市配套新型建材产业园

在调研浙中海绵城市透水铺装过程中,值得一提的是衢州龙游浙江寰龙环境科技有限公司基本建设完成的建设海绵城市配套新型建材产业园。

一、园区透水铺装概况

园区主路及停车场以透水混凝土铺装为主(见图 4-1),透水混凝土采用 280 mm 厚 10 mm 粒径 C35 的混凝土,混凝土经养护、割缝。休闲区人行道以透水砖(见图 4-2、图 4-3、图 4-4)为主。该工程在设计施工过程中,无论是人行道块料铺设还是安砌侧(平、缘)石,均设置 100 mm 厚 C25 透水混凝土基层,人行道块料铺设还设置土工布一层。透水砖在铺设之前,基层采用 150 mm 厚级

图 4-1 公司办公大楼前透水铺装道路

图 4-2 公司停车场旁透水铺装小道

图 4-3 公司办公大楼前透水铺装广场

图 4-4 公司宿舍楼前透水铺装小道

配碎石垫层,100 mm 厚 C25 透水混凝土基层,土工布一层,30 厚透水干性砂浆找平(见图 4-5)。安砌侧(平、缘)石采用 150 mm 厚级配碎石垫层,100 mm 厚 C25 透水混凝土基层,150 mm×350 mm×1 000 mm 仿花岗岩天砂生态侧石,用 20 mm 厚 1∶2.5 水泥砂浆铺筑。

二、工程特色:雨水的收集利用

海绵城市突出城市的海绵体在适应环境变化和应对自然灾害等方面具有良好的"弹性",下雨时吸水、蓄水、渗水、净水,需要时将蓄存的水释放并加以利用。在确保城市排水防涝安全的前提下,最大限度地实现雨水在城市区域的积存、渗透和净化,促进雨水资源的利用和生态环境保护。在海绵城市建设过程中,应统筹自然降水、地表水和地下水的系统性,协调给水、排水等水循环利用

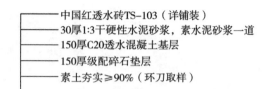
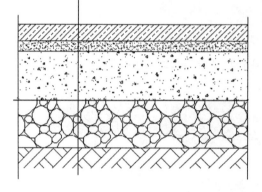

图 4-5　透水砖的基础做法

各环节,并考虑其复杂性和长期性。城市"海绵体"既包括河、湖、池塘等水系,也包括绿地、花园、可渗透路面等城市配套设施。雨水通过城市"海绵体"下渗、滞蓄、净化、回用,最后剩余部分径流通过管网、泵站外排,从而可有效提高城市排水系统的标准,缓减城市内涝的压力(见图 4-6)。

该工程通过透水铺装及附属设施实现雨水收集利用。该项目内屋面、路面雨水,经过处理后的雨水用于该区域内绿化浇洒和道路冲洗使用。采用就近收集就近回用的原则,在项目绿地下方设置一座 170 m^3,实际占地面积为 56 m^2 的雨水综合利用构筑物,收集下垫面雨水。在雨水预处理装置方面,对初期雨水弃流系统采用无动力重力弃流系统。降雨初期,雨水流量较小,雨水通过盖板下方的弃流管道流向下游市政雨水管网;当雨水流量变大时,弃流管道满流,预处理装置内的水位升高,盖板在雨水重力的作用下逐渐向下

图 4-6　透水铺装的雨水渗、滤、储及循环等展示

压弹簧;当盖板上方的水位达到10 cm时,盖板完全盖住弃流管道,雨水即可通过进水管流入雨水存储模块水池中。当雨水流量变小时,弹簧回弹,弃流管道打开,雨水通过弃流管道流向下游雨水井,该装置对雨水起到了拦截弃流、收集、分流等作用。雨水收集及处理工艺详见图4-7。收集的雨水经处理净化满足要求后供道路、绿化浇洒用水及景观水池用水。

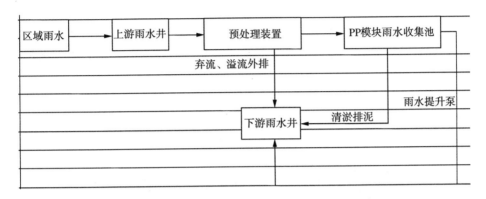

图4-7 雨水收集及处理工艺

雨水存储系统采用PP模块组合水池,该系统具有环保、经济、施工安装简单的特点,PP模块水池通过各个三代金字塔型单体模块组合安装而成。单体模块尺寸为1 000 mm×1 000 mm×280 mm(H),体积为0.28 m³。金字塔型模块在结构和尺寸上进行了全面升级,减少了单位面积上的模块数量,进一步降低了工程造价成本,模块共有32个塔形支柱,进一步增强了模块的承载力和稳定性,施工方式升级只需将模块90°角交换叠加,无须插板、卡扣等其他配件,施工更加简化,工期大幅度缩短。塔形支柱上开有小孔,雨水可通过小孔充满整个模块,储水率大于95%,采用聚丙烯材质,通过一次成型技术,提高模块的抗压强度,具有良好的物理和化学特性,耐酸、耐碱、无毒、无臭,水浸泡无成分析出。在PP模块组合水池外侧包裹防水包裹物,使得整个水池呈封闭环境,内部可容纳雨水,防水包裹物为两布一膜结构,中间层为HDPE膜,外部为缓冲布,这样的结构布局既使得PP模块内部的雨水与外部的环境隔绝,又有效地防止中间的HDPE膜与模块外部环境直接接触,防止受损。防水包裹物通过热熔机焊接而成,焊缝宽约100 mm,幅宽6 m,产品规格为1 000 g/m²。防水包裹物外侧通过防护板保护,防止填埋覆土过程中的大粒径砂石划破防水土工布。

该工程在用水方面采取安全措施。雨水供水管道应与生活饮用水管道分开设置,供水管路应设补水系统,补水的水质应满足雨水供水系统的水质要求;补水应在净化雨水供应量不足时进行;补水能力应满足雨水中断时系统的用水量要求。雨水供水管道上不得装设取水龙头，并应采取防止误接、误用、误饮的措施。本项目收集屋面、道路雨水，经处理后主要用于绿化浇洒、道路冲洗，雨水蓄水池采用PP模块组合水池，所有构筑物单元均在绿化地面以下；PP模块雨水蓄水池设置底部反冲洗管路，反冲洗管路与进水井内的反冲洗水泵对接，从而用于对池底进行反冲洗，对底部淤泥形成搅动，防止形成死泥区。

透水铺装和水处理设施的结合，使浙江寰龙环境科技有限公司的厂区地面在适应环境变化和应对自然灾害等方面具有良好的"弹性"，下雨时吸水、蓄水、渗水、净水，需要时将蓄存的水释放并加以利用。对雨水的循环利用可满足实现道路、绿化浇洒用水及景观水池用水。

该工程很好地展示了海绵城市透水铺装对雨水的渗透、过滤、储存及循环利用（见图4-8），堪称海绵城市透水铺装"弹性"展示的标杆。

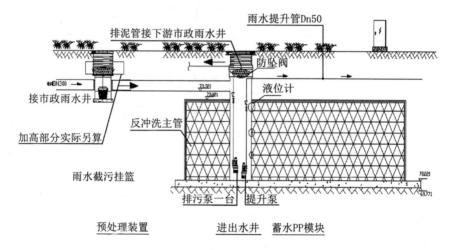

图4-8 雨水收集利用系统流程

三、透水砖生产

调研中获悉，浙江寰龙环境科技有限公司主要生产天然彩砂透水砖、透水混凝土等产品，公司引进德国先进工艺装备技术，建成年产50万 m^3 透水砖生产线一条（见图4-9、图4-10），及具有国内先进生产工艺水平的年产30万 m^3 透水混凝土生产线一条。

该公司生产的透水砖在原材料上充分利用各种选矿、尾矿、建筑垃圾等固体废弃物经破碎、筛分选料和高强度水泥、优质砂石，通过智能化设备控制组织合理剂配，经240～300 kN高强度激振成型，该产品有与石材一般的质感，有效

图 4-9　透水砖生产线 1

图 4-10　透水砖生产线 2

解决传统透水材料透水但外观粗糙、容易褪色品质低,通过孔隙透水易被灰尘堵塞及"透水与强度""透水与保水"相矛盾的技术难题,达到高强度、美观度与吸水保水性的完美结合,是节约自然资源,发展循环经济,实现城市矿产资源再生利用不可多得的新型景观生态材料。该公司还拓展了透水砖的形状和装饰效果;不但有和普通红砖近似的尺寸(见图 4-11),也有较大尺寸(见图 4-12),面层均采用天砂(见图 4-13);不但有纯色(见图 4-14),还有绚彩透水砖(见图 4-15),能较好地满足不同施工要求及人们的美观需求。

图 4-11　与普通红砖尺寸
相差不大的透水砖

图 4-12　较大尺寸透水砖
(600 mm×600 mm×30 mm)

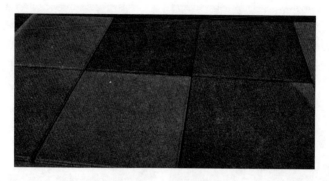

图 4-13 天砂透水砖

图 4-14 纯色透水砖

图 4-15 绚彩透水砖

2019年6月,浙江寰龙环境科技有限公司生产的透水砖和透水混凝土均经鉴定确认为省级工业新产品(新技术)。同时,该公司的路面砖、透水砖产品获得中国市政工程协会以及建筑固废综合利用专业委员会颁发的"2019年度最美环保砖"称号。

该公司生产的透水砖产品在强度和透水性上进行了比较好的结合,如产品规格为 300 mm×600 mm×60 mm 的仿花岗岩天砂生态透水砖其抗折强度平均值为 3.6 MPa,单块最小值不低于 3.0 MPa;透水系数达到 A 级($3.7×10^{-2}$ cm/s);抗冻性检测中单块质量损失率不大于 3%,冻后顶面缺损深度不超过 2 mm,强度损失率不超过 13%;耐磨性检测中磨坑长度不超过 29 mm;防滑性检测指标不超过 90 BPN。

据悉,2020年10月27日,中国砖瓦工业协会海绵城市材料专委会第一次筹备会议在浙江寰龙公司三楼会议室召开。会上明确了中国砖瓦工业协会海绵城市材料专委会的性质和作用,中国砖瓦工业协会海绵城市材料专委会在技术研发、产品研发、标准制定中应发挥不可或缺的作用,成为企业和政府之间沟通的桥梁,为行业内各类企业谋福利。

注:本工程选用的图 4-5、图 4-7、图 4-8 由业主单位提供。

第二节 同力服装厂

一、公司概况

浙江东阳同力服装有限公司位于浙江省东阳市市区,诸永高速、甬金高速横穿而过,距"中国小商品城"义乌市 20 km;距杭州萧山机场 1.5 h 小时车程,公司秉承"为顾客创造价值,为员工创造机会,为社会承担责任"的使命,做大、做强、做精"同力"这个品牌,不断提升企业的国际化经营能力,凭着"严谨的管理,精良的产品质量,一流的商业信誉",争取与更多国际知名品牌公司携手合作,共创双赢。

走进工厂,由衷感觉到在这里上班的员工很有自豪感,因为他们工作的工厂像花园。在这里,透水铺装和整个厂区主要功能建筑相映成趣,厂区主要建筑为科研综合楼、两幢厂房、食堂以及两幢员工宿舍,通往各幢单体的道路根据不同的使用性质及具体要求赋予不同特色,使道路、建筑、绿植等融为一体,其中不同透水铺装的参与使得生产者的工作和生活具有一定的尊严感和体面感,甚至是自豪感(见图 4-16)。

图 4-16 工厂鸟瞰图

该厂区透水铺装路面分期完成,第一期透水混凝土铺装主要在2014年完成,铺装面积达六千多平方米,后期除了不断加入新的透水铺装,同时对前期有损坏的透水铺装进行修补或重新铺装。

二、人行区

厂区的人行区和车流分开,考虑到荷载要求、碾压作用及舒适度美观等因素,车行区采用沥青混凝土路面铺装,人行区以透水混凝土铺装为主(见图4-17、图4-18)。车间庭院处道路采用透水混凝土铺装(见图4-19、图4-20、图4-21),

图4-17　人行区和车行区分流1

图4-18　人行区和车行区分流2　　图4-19　车间庭院处透水砼道路1

与周围园林相互映衬,让工作人员不仅有视觉享受,闲暇之余四处走走也很惬意。部分车间庭院处透水砼为后期工程,施工后采用薄膜包裹进行保湿养护(见图4-22),上覆盖纸板以更好保温(见图4-23)。

图 4-20　车间庭院处透水砼道路 2　　　图 4-21　车间庭院处透水砼道路 3

图 4-22　采用薄膜保湿养护　　　图 4-23　采用覆盖纸板进行保温养护

三、广场区

厂区的银杏广场无论从哪个角度,无不透露着静怡和舒适,透水混凝土铺装的设置(见图 4-24、图 4-25、图 4-26),更好地增添了银杏广场的呼吸性及透气性,员工下雨天也不用担心会湿脚。

图 4-24　银杏广场的透水铺装 1

图 4-25　银杏广场的透水铺装 2

图 4-26　银杏广场的透水铺装 3

四、连廊

天桥是该厂区的一大亮点,天桥将厂区所有单体连接。天桥下的连廊不但可以遮风挡雨,还因为透水铺装的设置(见图4-27),路面防滑性好,噪声小,甚至更加静逸。同时,连廊下的透水铺装采用不同色泽的表面防护剂(见图4-28),视觉丰富。

图4-27 天桥下连廊的透水铺装

图4-28 连廊处不同色泽表面防护剂的透水铺装

五、生活区

由于服装厂规模比较大,员工较多,专门设置员工生活区。生活区道路的设置充分考虑员工走路方便,下雨天不湿脚不打滑。员工工作之余在宿舍附近可以休闲,路面设置采用透水砼(见图4-29、图4-30)。员工食堂周边也采用透水砼路面为主(见图4-31),有专门的开水区域,这里通往连廊的道路均采用透水砼铺装(见图4-32)。

图4-29 建设中的员工宿舍休闲区1

图4-30 建设中的员工宿舍休闲区2

图4-31 员工食堂周边透水砼铺装

图 4-32 开水区域的透水砼铺装

图 4-33 采用透水砼的篮球场

六、运动区(篮球场、羽毛球场)

厂区建设过程中充分考虑员工的业余生活,专门建设篮球场(图 4-33)及羽毛球场(图 4-34),均采用透水混凝土铺装。

图 4-34 采用透水砼铺装的羽毛球场

七、不同单体的入口

整个厂区主要建筑为科研综合楼、两幢厂房、食堂以及两幢员工宿舍,道路设置上首要考虑了员工的方便舒适,通往各幢单体的道路根据不同的使用性质及具体要求赋予其不同特色,主要采用透水砼铺装(见图 4-35、图 4-36、图 4-37)。

图 4-35 通往食堂某侧的透水砼铺装道路　　图 4-36 连廊楼梯间的透水砼铺装

图 4-37 通往宿舍区的透水砼道路

八、幽静小路

该厂道路在设置上充分考虑与其园林风格匹配,除了采用大面积的表面粗骨料为黑色砾石的透水砼铺装,还不时穿插一些有透水功能的水洗石路面(见图 4-38),如食堂附近(见图 4-39)。厂区绿化极佳,在大面积的绿化处适当增加一些与景观适宜的水洗石路面(见图 4-40、图 4-41),视觉效果极佳。

图 4-38 水洗石路面

图 4-39 通往食堂一侧的水洗石小路

图 4-40 绿化带小径 1

图 4-41 绿化带小径 2

九、透水混凝土铺装的分区

透水混凝土在铺装过程中,和普通混凝土一样,考虑到热胀冷缩及不均匀沉降需要设置分区,一般多采用和普通混凝土类似的分区方法(见图 4-42)。本工程考虑到视觉效果的美观性,大部分采用 300 mm×600 mm×100 mm 的鲁灰火烧面花岗岩进行分区(见图 4-43、图 4-44),不但满足工程对透水混凝土分区的要求,还提高了工程的审美。

图 4-42　设置伸缩缝的传统分区方法

图 4-43　采用花岗岩设置的分区方法展示 1

图 4-44　采用花岗岩设置的分区方法展示 2

十、表面防护剂

透水混凝土施工之后,由于空隙率大,其透水性好,但如果空隙被堵塞,其透水性会急剧下降,影响其疏水功能。实际使用中,在透水砼铺装一定时间之后(一般养护 7~14 d 之后),再喷涂表面防护剂。表面防护剂采用喷涂设备进行喷涂,如果喷涂时剂量、方位和喷涂时间等把握不好,反而会造成透水砼空隙的堵塞(见图 4-45、图 4-46)。表面防护剂除降低透水砼的误判,还可以采用不同颜色达到美观、分区、指示标识等功能,如在篮球场的建设中,采用不同色泽的表面防护剂,起到很好的分区效果(见图 4-47、图 4-48、图 4-49)。

图 4-45 喷涂不当造成空隙堵塞 1

图 4-46 喷涂不当造成空隙堵塞 2

图 4-47 篮球场灰色表面保护剂

图 4-48 篮球场红色表面保护剂

图 4-49 篮球场分区效果

十一、下部透水管道的设置

本工程对透水铺装渗透下去的水进行过滤并收集,在路基下设置现场砖砌的透水管道(见图 4-50),透水基层内采用专用透水软管(见图 4-51)。透水软

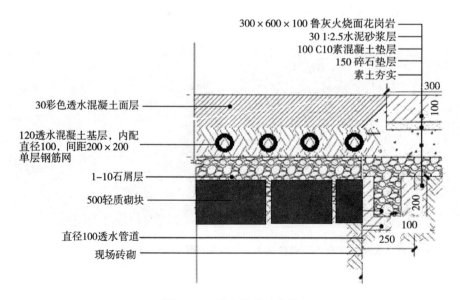

图 4-50 透水管道示意图

管内衬钢线,采用高强度镍铬合金高碳钢线,经磷酸防锈处理后外覆PVC保护层,防酸碱腐蚀;独特的钢线螺旋补强体构造确保管壁表面平整并承受相应的土体压力(见图4-52、图4-53)。整个厂区形成透水道路软式排水管网,透水路面雨水收集管网设置见图(见图4-54)。

图4-51 透水砼基层用透水软管

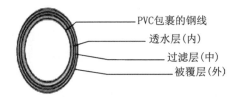

图4-52 透水软管内部构造图

图4-53 透水软管截面图

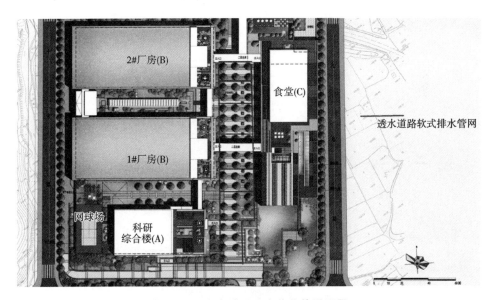

图4-54 透水路面雨水收集管网设置

行走在同力服装厂,不仅感觉是在花园中游走,视觉上得到很大满足,同时耳边没有其他服装厂机械设备工作时的隆隆声,这不得不说是个奇迹。该厂设计曾获得佛罗伦萨展览奖,在整个厂区的设计上采用现代田园理念,营造一座立体生态、绿色环保和自主循环的可持续建筑,从而实现生产效率与舒适环境相协调,厂区道路采用透水铺装设计,充分考虑与其设计理念协调一致。

　　而今,行业竞争在所难免,对企业进行参观往往成为一个必要环节。产品自身的质量、广告等对品牌树立影响很大,我们注意到同力服装厂在同行竞争中总是遥遥领先,应该说他们在注重品质的同时还有很强的企业文化理念,参观的同时会感觉企业文化理念在园区建设中已完全融入。一个园区建设可以进行得如此宜人,还有什么理由担心他们的管理和产品质量呢?对企业参观之后,会感觉产品如"厂品",厂区的建设就是产品质量的最好广告词。

　　"招工难,难留人"是每一个厂家普遍存在的问题。东阳同力服装厂这座花园式的"会呼吸"的工厂,使能来这里工作的员工产生自豪感,由于不得已缘故离开的员工恋恋不舍。

　　另外,我们注意到,时隔六年,同力服装厂在2014年完成的透水混凝土铺装的色彩及质量普遍保持比较好。这除了和他们当时透水铺装优良的施工质量有关,还与该厂对下渗雨水进行收集,平时注意清洁打扫,并每年进行负压真空清洗有关。

　　注:本工程选用的图4-50～图4-54由施工单位提供。

第五章　透水铺装技术在公园景观中的应用

随着人们对自然、健康生活的追求越来越强烈,各地区园林工程项目数量不断提升。而路面的整洁性、透水性很大程度上影响人们的游览体验,所以透水铺装在园林景观工程中的应用价值极高。透水铺装技术主要是使用多孔形结构材料,在处理好的基底上铺装而形成的有足够强度及透水性的路面铺装工艺。得益于透水性铺装材料多孔隙的特点,可以大量收集雨水、吸收地面扬尘、吸声减噪,还可以降低地表温度,缓解热岛效应。从核心特性的角度来讲,透水铺装地面工程具有强大的透水性能,能够迅速将水分渗透到土层之中,通过周边绿地进行过滤及滞蓄,起到再利用的作用。多余的水分再通过排水设施排入附近的河流湖泊当中,不仅保证了路面的干爽整洁,避免路面湿滑,而且对维持园林自然生态稳定也有一定作用。

第一节　燕尾洲公园

一、公园介绍

海绵城市本质上讲是对工业化城市建设方法及灰色基础设施建设技术的反思和修正,是一种人与土地、人与水的生态关系的回归。它强调用人水共生的理念,用系统的方法和整合的生态技术,解决城市中突出的各种与水相关的问题,是对简单、粗暴的工程思维的反思。

燕尾洲公园位于浙江省金华市金华江、义乌江与武义江三江交汇处。根据金华市的城市总体规划,未来的城市中心将围绕"一滩一洲"构筑。江北的金融、商贸,江南的行政、科技,多湖的文化、休闲,三个支点,一个中心,而多湖区休闲功能的重点所在就是燕尾洲区域。考虑市民的休闲娱乐需求,满足城市景观、生态、防洪等方面需求进行了设计。

燕尾洲公园建立适应性防洪堤、适应性植被、适应性步行交通等,来实现与洪水相适应的弹性景观。这些作品都以生态性和艺术性的完美结合享誉国际。燕尾洲公园获 2015 年世界建筑节(WAF)年度最佳景观奖,公园最大的亮点就是景观步行桥,公园的设计充分考虑到城市的生态问题,公园的另一大特色是防汛梯田景观堤。

然而,自 2014 年 5 月开园以来,媒体上鲜少提及的是人们在燕尾洲公园行走的路线中,大多都是透水混凝土铺装的道路。燕尾洲公园把透水混凝土道路应用在公园建设中,在金华海绵城市建设中是一大创举。

二、公园道路的透水铺装

在燕尾洲公园中,各种透水路面纵横交错,有 80 mm 厚深灰色细粒透水混凝土路面(见图 5-1),有 70 mm 厚的深灰色碎石直接铺洒路面(见图 5-2、图 5-3),有 50 mm 厚的规格为 100 mm×100 mm 的火烧面黄锈石路面(见图 5-4),不同材质的路面用 3 mm 厚的截面尺寸为 120 mm×120 mm 的预埋型钢隔开(见图 5-5、图 5-6)。预埋型钢虽然造价偏高,但是很好地把不同材质的透水路面隔开,起到较好的保护作用,笔者 2020 年 10 月去燕尾洲公园考察,虽然距其建造已

图 5-1 透水混凝土路面

图 5-2 深灰色碎石 1

超过五年,各种铺装仍保存完好(见图5-7、图5-8、图5-9)。可见其使用后期的维护比较到位。

图5-3　深灰色碎石2　　　　　图5-4　火烧面黄锈石铺装

图5-5　预埋型钢1

图 5-6 预埋型钢 2

图 5-7 公园现在路面 1

图 5-8 公园现在路面 2

图 5-9 公园主路

公园主路采用透水混凝土铺装(见图 5-9),其构造严格采用透水混凝土构造要求。首先进行素土夯实(要求夯实系数达到 0.94);铺 200 mm 厚的碎石垫层,碎石垫层除起到基础的作用,在透水铺装中也是非常重要的渗水储水部分;再铺筑 70 mm 厚原色粗粒透水混凝土,这部分透水混凝土的粒径尺寸比较大,空隙率大,主要是为了让上部下来的水更快地渗透,同时具备一定的储存功能;最后再铺设 80 mm 厚面层深灰色细粒透水混凝土,这部分主要是渗水、耐磨、具有一定强度及美观等,这部分由于对石子粒径要求较高,一般采用专门的瓜子片,相对成本偏高,所以后期透水混凝土的面层厚度一般取 30~50 mm,同时其下部原色粗粒透水混凝土的厚度一般增至 80 mm,根据美观需求,可以对面层再进行喷涂不同颜色的保护剂。

采用火烧面黄锈石铺设的路面,其路基处理基本与透水混凝土一致,首先进行素土夯实(要求夯实系数达到 0.94);然后铺 200 mm 厚的碎石垫层,再铺筑 70 mm 厚原色粗粒透水混凝土,考虑到面层黄锈石的牢固需要水泥浆的辅助,在粗粒透水混凝土上做 30 mm 厚的水泥砂浆结合层,施工中要注意水泥砂浆结合层不宜摊铺过满。由于采用 50 mm 厚的规格为 100 mm×100 mm 的火烧面黄锈石,其本身尺寸比较小,且相互之间有一定间隙可透水(见图 5-10),所以火烧面黄锈石的采用除起到美观作用,耐磨性好,水会从黄锈石相互间隙中渗流。

图 5-10 火烧面黄锈石之间有间隙　　　　图 5-11 水上栈道 1

燕尾洲公园中还有一道亮丽的风景线是水上栈道(见图 5-11、图 5-12),和主桥(金华燕尾洲观景步行桥)相映成趣。水上栈道的铺装均采用透水铺装(见图 5-13),某些楼梯休息平台亦然(见图 5-14)。由于所处环境水环境较好,我们可以看到部分透水混凝土甚至有植物生出(见图 5-15、图 5-16),这也印证透水混凝土是会呼吸、透气性好的混凝土。

图 5-12　水上栈道 2

图 5-13　水上栈道透水砼

图 5-14　水上栈道楼梯间的休息平台

图 5-15　会呼吸的透水砼

图 5-16 透气的透水砼

无论是透水混凝土铺装的主路,还是透水混凝土铺装的水上栈道,都为燕尾洲公园的海绵城市建设增添了"肺活量",这些会呼吸的透水混凝土铺装,让人与环境更好地共生。同时,透水混凝土铺装由于孔隙率较大,也有非常好的降噪作用,能极大地缓解热岛效应,这从夏天的夜晚燕尾洲公园是人们纳凉的好去处可见一斑。

继 2014 年以来,金华地区海绵城市建设过程中,尤其是在公园建设中,充分引入透水混凝土道路铺装的应用,使海绵城市在建设中更加具有"弹性",也为今后进一步实现把各个"大海绵"和"小海绵"连接在一起理清思路、夯实基础。

第二节　浦江部分景点案例

在海绵城市的建设中,浦江人最受益的就是江河复清绿满城,引领城乡蜕变,多地都在上演着"绿水青山"变现"金山银山"的美丽故事。建成后的浦阳江生态廊道已成为集绿道、游憩、休闲、运动、健身等多功能合一的自然生态、植被丰富、亲水亲景于一体的慢生活休闲绿色长廊,对提升浦江形象、改善浦江环境具有重要的意义,是浦江"五水共治""两美浦江"建设的重要代表作。

本次主要调研的是浦阳江城区段生态治理工程Ⅱ标段及翠湖公园等。

一、浦阳江城区段生活治理工程

浦阳江生态廊道景观工程主要体现"生态、灵动、精致、文雅"的理念。

浦阳江边部分道路属于对原有路段进行提升工程,采用透水混凝土铺装。先对原有路段进行破碎(见图5-17),做好路侧石以确定路面标高(见图5-18);先铺设粗粒径透水混凝土,再铺设细粒径透水混凝土,然后进行面层色彩保护剂的铺设(见图5-19)。在铺设透水混凝土过程中,采用现场拌制,每一段用三辆小车运输(见图5-20),摊铺后用工具(插爪)进行大致摊平(见图5-21),然后用平板振动器控制一定速度进行压实(见图5-22),压实过程中采用先从四周再到中间的压实路径(见图5-23),最后压实好的透水混凝土可以进入下一道施工(见图5-24)。

施工中作业工人穿的鞋子是橡胶底的,可以起到一定的减震作用,但如果穿专用的鞋底大一些的专业减压鞋,施工效果会更好。按照规范减压鞋的使用在实际践行中尚有欠缺。

图5-17 对原有路段进行破碎

图5-18 做好路侧石

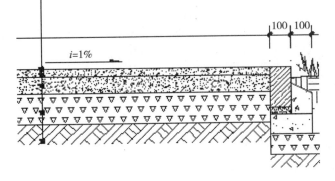

图 5-19　新做路面的构造

图 5-20　小车现场运输透水砼

图 5-21　用工具进行摊铺

图 5-22 用平板振动器压实

图 5-23 压实路径

图 5-24 即将压实好的透水砼(中段)

  调研过程中,我们有幸看到水上栈道的模板及钢筋搭建工程(见图 5-25),水上栈道透水砼的铺装在燕尾洲公园的水上栈道透水砼基础上进行了进一步的改造(见图 5-26)。

  在这里我们可以看到,水上栈道透水混凝土和新做好的透水混凝土构造部分,除了基层不一致,都包含 80 mm 厚 C25 素色透水混凝土底层(石子粒径 10

~20 mm),40 mm 厚 C25 素色透水混凝土底层(石子粒径 3~8 mm)及红色双组分聚氨酯透水混凝土专用保护剂等部分。

图 5-25　水上栈道模板搭建

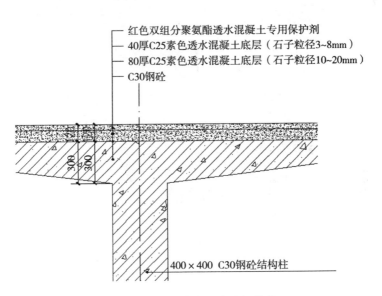

图 5-26　水上栈道透水路面构造

注：本工程所选用的图 5-19、图 5-26 由施工单位提供。

二、浦江翠湖湿地公园

翠湖湿地公园是浦江最美三大观景湖之一，这里的翠湖荡漾景观，目前被评为金华市首批浙中生态廊道"廊道百景"之一。

这里的透水铺装主要体现在停车场(见图5-27)、人行道(见图5-28)及水上栈道(见图5-29、图5-30),在楼梯平台部分也采用透水混凝土(见图5-31),人们不用担心会有积水可能滑倒崴脚等。在这里,会呼吸的透水铺装、水景及彩虹桥相互映衬,整个公园人景相融。

图5-27 采用透水砼铺装的停车场

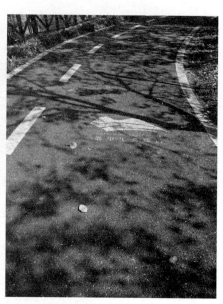
图5-28 采用透水砼铺装的人行道

图5-29 采用透水砼的水上栈道

第五章 透水铺装技术在公园景观中的应用

图 5-30 采用透水砼的水上栈道

图 5-31 楼梯平台采用透水砼铺装

浦江翠湖湿地公园,全域全过程贯穿海绵城市的理念,透水混凝土路面铺装为湿地公园更好进行透气、更好进行呼吸增大了"胸腔"。游人走在透水混凝土路面上,不用担心下雨天湿脚,老年人不用担心会滑倒(透水砼及透水砖路面的表面有一定粗糙度)。这里不绝于耳的是忽高忽低的鸟鸣声、时细时粗的水流声及若有若无的风声……在这里,树荫绰绰,流水淙淙,人们面带微笑,卸下来时的疲倦。

第三节 金华毅行部分景点

一、鹿女湖畔的透水铺装

2020年11月,"战马杯"金华市第二届毅行大赛在金华山举行,由2 000多人组成的毅行大军被途经的鹿女湖畔美景吸引,人们在这里驻足留影(见图5-32)。鹿女湖畔有大量的水上栈道(见图5-33),均采用透水混凝土铺装(见图5-34),人们不用担心在上面快步行走会滑倒,也不用担心下雨天鞋子会湿,因为这里的路面无积水(见图5-35)。

图5-32 鹿女湖畔驻足留影　　　　图5-33 鹿女湖上水上栈道

第五章 透水铺装技术在公园景观中的应用

图 5-34 透水混凝土铺装

图 5-35 透水混凝土路面不积水

而今,透水铺装作为海绵城市的海绵体,效果愈发明显,透水铺装路面因其不积水、路面不打滑,带给游人很好的舒适感。透水路面的蓄水性也让游人所走的路面和周围环境更好地呼吸,更好的透气。透水路面由于孔隙率较大,还有比较好的降噪作用。在这里,人们可以更好地融入山水,内心更加宁静(见图 5-36)。

如今,休闲旅游时海绵城市理念的效果已经有目共睹,海绵城市的空气清新、碧波荡漾、可以让人内心舒展,实现了环境与人较好地融合。

二、金华双龙电站

此次毅行还途经毛主席来过的金华双龙电站,这里保存较好,我们可以看到以前的人们就有较好的透水理念,然而铺装较为烦琐(见图 5-37)。在这里,我

图 5-36 鹿女湖畔欣赏美景

们也欣喜看到了部分道路采用新的透水砼铺装,形式和色泽都与所在环境相映成趣(见图5-38)。双龙电站新旧透水铺装的展示,也告诉我们现今的透水铺装不仅可以单独使用具有良好的效果,同时可以在旧有铺装基础上进行改造,性能和美观上都有较好的成效。

图5-37 电站原有地面铺装

图5-38 金华双龙电站透水砼铺装与旧铺装结合

三、双龙水库栈道

经过双龙水库时,人在水库的栈道上行走,水上栈道和水库融为一体(见图 5-39),水流潺潺,让人感觉心胸舒展。水库的水上栈道采用透水混凝土铺装(见图 5-40),水库栈道甚至在楼梯台阶(见图 5-41)及休息平台处(见图 5-42、图 5-43)

图 5-39 双龙水库水上栈道

图 5-40 水库栈道为透水混凝土铺装

图 5-41 水库栈道楼梯

图 5-42 水库水上栈道休息平台 1

图 5-43 水库水上栈道休息平台 2

图 5-44 水库水上栈道侧面 1

均采用透水混凝土,即使下雨天也不用担心上台阶会滑倒。这里透水混凝土的铺装方式与浦阳江生态廊道的水上栈道透水混凝土的铺装构造相似,从下至上大致是一定强度的混凝土、较厚的粗粒径透水混凝土、较薄的细粒径透水混凝土、面层处理等(见图5-44、图5-45)。在双龙水库栈道的透水铺装中,我们注意到透水混凝土铺装不仅仅可以运用在栈道上,在楼梯和休息平台处也可以很好地采用,这说明透水混凝土的铺装工艺又迈出了新的步伐。

图 5-45　水库水上栈道侧面 2

第四节　其他公园景观案例

一、婺州公园

婺州公园临水而建,位于婺江之畔,各景点和建筑物、构筑物鳞次栉比,和谐统一。沿着河畔,绿树成荫之间穿插着透水砼铺装的公园小径(见图5-46),这些小径随着绿植分布蜿蜒曲折,下雨天也不积水,透水铺装自身蓄水层有一定的蓄水功能,同时雨水还可以顺势浇灌绿植。在婺州公园,透水砼的铺装不但增添了公园的情趣,也为公园的舒适、透气、降噪做出了贡献(见图5-47)。

图 5-46　婺州公园透水铺装小径 1　　　图 5-47　婺州公园透水铺装小径 2

婺州公园作为城市公园,将金华这座古城点缀得更加绿意盎然,让老百姓有了亲近自然的好去处。

二、兰溪扬子江公园

据悉,扬子江生态公园建设前,这里河道淤积、养殖污染、面源污染问题突出。通过水下系统、水生植物、树木等自然湿地净化系统,扬子江水质也由建设前的劣Ⅴ类提升到Ⅲ类水的标准。净化后的河水,可以直接用于农田灌溉、绿化灌溉、公园用水、消防用水。而今,扬子江生态公园不仅风景美游乐设施多,还是兰溪市首个融入海绵理念的海绵示范公园,被称为"会呼吸的大水泡"公园。扬子江公园项目融入海绵城市建设理念,通过水体净化、河道整治、生态修复以及绿道、景观提升等途径,全面打造海绵公园。扬子江生态公园是一个"大海绵"的理念,整个公园对兰溪南部、上华片区来说,就是一个大水泡,把周边雨水汇聚到一起。沿途设计了水下森林,将扬子江水体进行微生物处理,水体净化之后再流入衢江。

扬子江生态公园是一个综合性的大公园,主要景观有珍珠凉亭、骑行道、游园漫步道、空中廊桥等。其中,珍珠凉亭地面、骑行道、观景平台等,多采用透水砼铺装(见图 5-48、图 5-49、图 5-50、图 5-51)。

第五章 透水铺装技术在公园景观中的应用

图 5-48 凉亭休息处的透水砼铺装地面

图 5-49 公园骑行道透水砼铺装

图 5-50 眺望平台处透水砼铺装

图 5-51 公园卫生间一角的透水砼铺装

三、金华之光文化广场

金华之光文化广场位于金华市燕尾洲公园附近,是多湖中央商务区核心区块,是金华市政府重点民生工程,也是商务区重点打造的五大核心中心之一。由四个单体建筑组合而成,按"多馆合一、高度融合"的理念,形成一个含城市展示、展览、青少年活动、市民公共活动、科技馆等多功能为一体的大型综合性文化中心。

广场地面的铺装,采用多种组合,无论是哪种组合,无不穿插透水砼铺装(见图5-52)。游人沿着透水砼小径,可以抵达需要到达的场馆(见图5-53、图5-54)。透水铺装和周边绿植紧密结合,其蓄积的雨水可以浇灌植被(见图5-55、图5-56)。在广场铺装中,应用透水砼铺装,其蓄水性、多样性、可塑性等得以充分展示。我们可以看到,透水砼铺装作为海绵城市的海绵体的理念,已经在金华的公园、广场等处充分融入。

随着浙中地区海绵城市建设的突飞猛进,在各个城市重要的园林工程中,路面的施工一般都会采用透水铺装。在实际施工中,设计及技术人员应当结合园林景观现场环境及相关工程要求,合理选用透水混凝土或透水砖等不同的透水铺装工艺。在施工中,应当严格按照相关透水铺装工艺规范开展施工工作,确保施工质量达到规范要求,为人们提供更好的园林景观游览体验。

图5-52 金华之光文化广场透水砼铺装1　　**图5-53 金华之光文化广场透水砼铺装2**

图 5-54　金华之光文化广场透水砼铺装 3　　　图 5-55　金华之光文化广场透水砼铺装 4

透水铺装工艺施工完成的透水路面，需要由专业的维护管理人员对其进行后期维护。针对透水砖路面，维护人员定期巡检，检查是否存在砖体松动、破碎以及路面不均匀沉降的现象，并对表面进行适当清理。针对透水混凝土路面，维护人员具体巡检是否存在开裂、积水等问题，如果有，则采用规范的方式进行维修。当透水铺装的透水性减弱后，可使用高压水进行冲刷，或采用真空泵将孔隙中的杂物吸出。

图 5-56　金华之光文化广场透水砼铺装 5

第六章 透水铺装技术在住宅小区中的应用

第一节 概述

目前海绵小区大多采用透水性铺装材料,以削减路面雨水径流。主干道以车辆通行为主要功能,采用强度较高的透水沥青作为铺装材料,可有效改善小区雨天行车安全和居民通行环境。小区支路主要功能为居民通行,兼顾考虑部分车辆通行及停车。因此,采用透水砖作为铺装材料,道路面层和路基均采用透水性材质。道路沿石间隔一定距离设置溢流口,部分路面雨水可溢流至绿地,大部分雨水可通过路面和路基渗入地下,并设置人行道雨水收集口,有效削减道路雨水径流总量。小区广场地面铺装材料,主要采用透水砖铺装,减少广场产生的雨水径流量。广场道路高侧石及挡墙处增加开孔,将雨水导入周边绿地。通过以上透水铺装措施,一方面可使广场消纳自身产生的雨水径流,另一方面采用透水性铺装,可极大改善居民雨天的活动空间。这些低影响开发设施的建设,能够在一定程度上增加小区绿化率,从而在局部调节城市小气候,改善物理环境,降低热岛效应。据相关研究结论,透水砖及透水混凝土铺装路面的近地表温度比普通混凝土路面低 0.3℃左右,近地表相对湿度大 1.12%左右。

第二节 金华山前庄头安置小区建设工程(棚改项目)

一、项目概况

该案例为中天建设集团有限公司承建的金华山前庄头安置小区建设工程

(棚改项目)。在小区进行透水铺装之前,工程部先在项目部铺设透水混凝土样品工程,观察其效果。该项目首先在项目部停车场(见图6-1、图6-2)及项目部办公区部分地方(见图6-3、图6-4)进行透水混凝土试点铺装,在不同的地方采用不同的表面保护剂(见图6-1、图6-3)。

图6-1　项目部停车场透水砼铺装1

图6-2　项目部停车场透水砼铺装2

图6-3　项目部办公区透水砼铺装1

图6-4　项目部办公区透水砼铺装2

二、项目施工情况介绍

该项目小区工程道路工程的铺设很好地融入"渗透"理念,无论采用哪种路面铺设材料,其基层做法均采用透水铺装,基层材料主要为碎石及粗粒径透水混凝土,即使是垃圾收集点或有石凳的位置在施工时也充分考虑其对雨水的过滤(见图6-5、图6-6),再根据需要进行其他材质的铺设,能够在一定程度上减

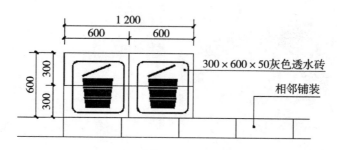

图6-5 垃圾收集点平面图

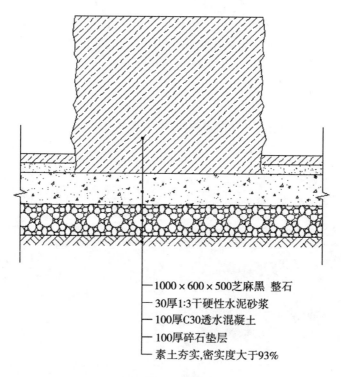

图6-6 石凳做法

缓地表径流。面层为透水砖及透水混凝土的铺设，基层在素土夯实之后，先铺垫300 mm厚的塘渣垫层，再铺垫100 mm厚级配碎石垫层，以确保蓄水层厚度。如果面层铺设的是透水混凝土（见图6-7），在120 mm厚粗粒径C30透水混凝土之上再铺设一定厚度的细粒径透水混凝土。如果面层铺设的是透水砖（见图6-8），在上述级配碎石基础上再铺设200 mm厚粗粒径C30透水混凝土，黄砂铺垫，洒水泥浆作为面层黏结剂，再进行透水砖铺装。不同颜色的透水混凝土及透水砖按照设计图纸进行拼接施工（见图6-9、图6-10、图6-11），美观大方。

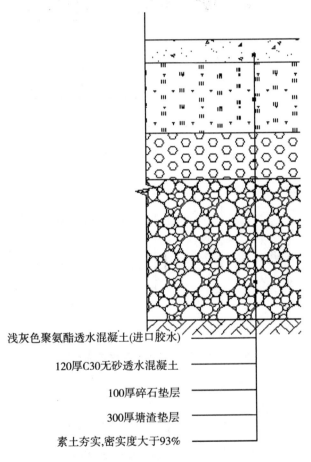

浅灰色聚氨酯透水混凝土(进口胶水)
120厚C30无砂透水混凝土
100厚碎石垫层
300厚塘渣垫层
素土夯实，密实度大于93%

图6-7　透水混凝土路面基础做法

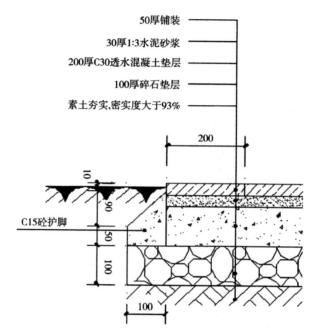

图 6-8 人行道路透水砖铺装做法

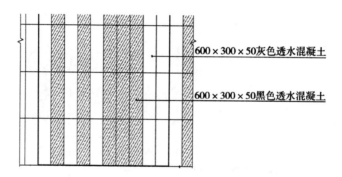

图 6-9 不同色彩的透水混凝土铺装样式

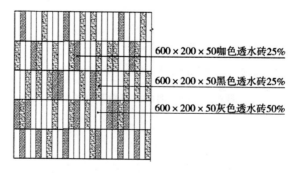

图 6-10 不同色彩的透水砖铺装样式 1

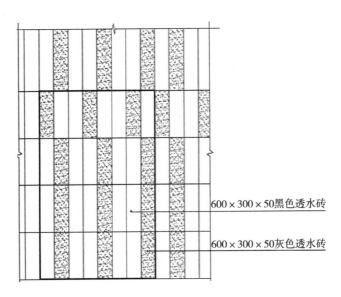

图 6-11　不同色彩的透水砖铺装样式 2

三、工程特色

很多工程的透水铺装仅仅做透水铺装的表面,对于下层的透水性及蓄水性考虑不够充分。如果排水不够充分,对透水铺装的使用效果及使用寿命会有较大影响。本工程通过蓄水层的厚度保证对雨水进行分流,同时在人行道路透水铺装中采取每隔一段路设置雨水口(见图 6-12),以确保小区人行路面雨天不湿脚,环境过于干燥的时候水分可以蒸发,让小区道路和环境之间形成很好的呼吸,小区道路在确保强度的前提下和环境之间透气,让透水混凝土的透气性充分展示,从而更好地实现对雨水的循环利用。

本项目对雨水进行收集,室外设置 600 t 雨水收集调蓄池,回收雨水用于室外绿化浇灌及水景补水。雨水工艺收集流程见图 6-13,可清洗模块雨水收集工艺流程见图 6-14,本工程的雨水收集系统平面布置图见图 6-15。雨水经雨水管道收集后,经过截污挂篮(见图 6-16、图 6-17、图 6-18)可以拦截 2 mm² 及以上较大垃圾和树叶。由于降雨过程中,初期的雨水冲刷屋面和路面,其中央夹杂着大量的粉尘和沉沙,水质较差。应对其进行弃置处理,可通过雨水弃流过滤装置实现,弃流雨水直接排入市政雨水管网。对后期较为清澈的雨水进行收集储存后经适当的处理回用,以减少处理工序和降低运行费用等。雨水弃流过滤装置(见图 6-19、图 6-20、图 6-21)可以将前期 2~5 mm 污染严重的雨水排掉。雨水弃流过滤装置依靠重力作用实现对初期雨水的弃流。雨水将首先通

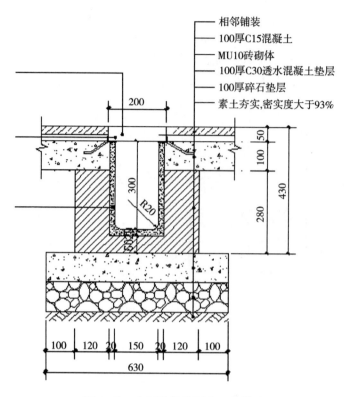

图 6-12 人行道铺装雨水口的做法

过低位敞口的排污管排放掉。在雨水增大后,打在挡板上的压力增大,位于排污管上端的浮球在水流压力的作用下将排污管关闭,桶中液位升高,雨水通过水平的过滤网进行过滤后流向出水口,进行收集。雨停后,随装置中存储的雨水的减少,浮球在弹簧弹力的作用下自动复位,将桶中过滤产生的垃圾带出,从而实现初期雨水的弃流、过滤自动排污等多种功能。前期预处理设备能很好地去除水中70%的污染物和垃圾,从而干净的雨水流入PP蓄水模块蓄水池。

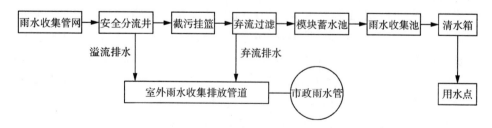

图 6-13 雨水工艺收集流程图

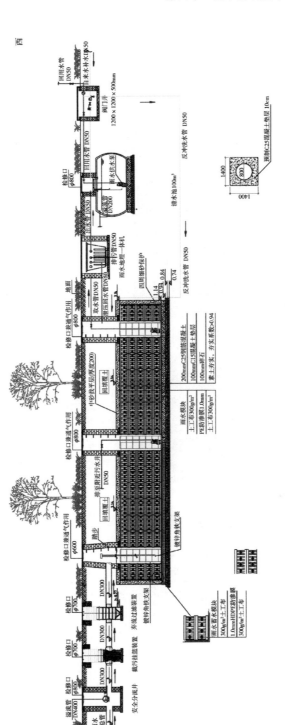

图 6-14 可清洗模块雨水收集工艺流程图

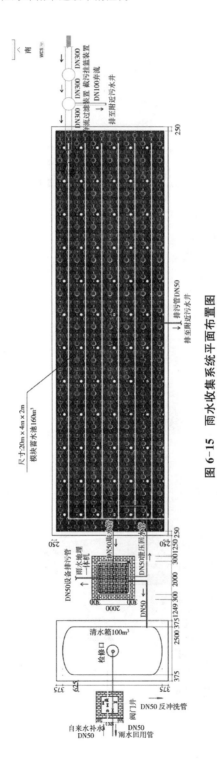

图6-15 雨水收集系统平面布置图

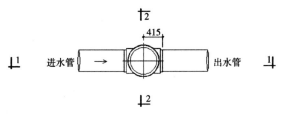

图 6-16 截污挂篮平面图

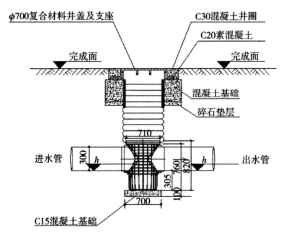

图 6-17 截污挂篮 1-1 剖面图

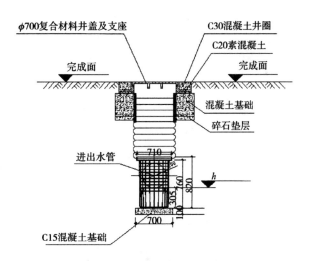

图 6-18 截污挂篮 2-2 剖面图

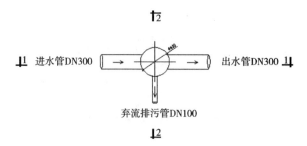

图 6-19 弃流排污管剖面图

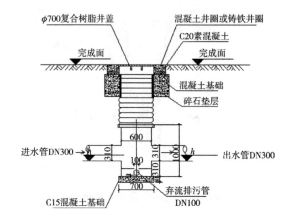

图 6-20 弃流排污管 1-1 剖面图

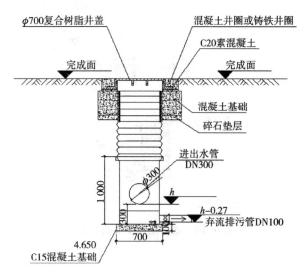

图 6-21 弃流排污管 2-2 剖面图

项目的蓄水池采用 PP 模块的水池建造方式,运输方便、组装便利(见图 6-22、图 6-23),储水率高。本工程使用的模块为柱状可清洗模块,设置有冲洗管安装位置吸附垃圾冲洗措施,因其运输方便、组装便利、安装方便、施工快捷,可以大大提高工作效率。产品设置了清洗通道,可以对管道进行冲洗;同时设置有排污沟,可以将沉淀物排出;底部沉泥冲洗措施可以解决模块吸附垃圾清理的问题以及底部沉淀物排放问题,从而避免日久天长池底形成沉泥,影响水质和蓄水效果,保证蓄水池的有效蓄水性和出水水质。

图 6-22　小区雨水 PP 模块蓄水池现场施工 1　　图 6-23　小区雨水 PP 模块蓄水池现场施工 2

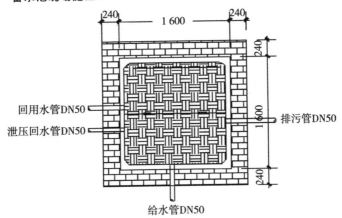

图 6-24　地埋一体机设备坑预留图

该项目在蓄水池后端添加雨水地埋一体机，为现场开孔（见图6-24、图6-25），对水质进行进一步的净化处理，以保障净化出水达到用水水质要求。地埋一体机的设置对收集雨水进行深度净化，内部配有多介质过滤器、自动加氯器。一体化的设计集过滤循环、加药消毒、排污于一体，可以达到绿化浇洒的出水水质。据了解，该设备在完成雨水的深度过滤方面，过滤精度可达50～100 μm，雨水过滤产生的垃圾可以通过阀门切换完成排污。对雨水进行加氯消毒，避免水体出现变质和味道；泄压回水管处理完毕的雨水部分回到水池保持水质，完成供水增压，同时，本工程采用雨水系统控制器进行控制，控制器采用芯片程序控制，配有显示屏，可以做到对各蓄水液位的监控，水泵的工作、净化设备的控制，同时监控供水、排水、补水等情况。

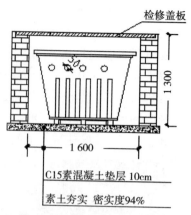

图6-25 地埋一体机立面图

由此可见，该工程可实现对雨水进行收集-蓄水-净化-循环利用，并进行智能化管理。

住宅小区的海绵体建设目前是金华海绵城市建设的重要组成部分，覆盖面积较广，在小区内进行海绵体建设能够从源头上减少径流的产生，进而促进市区污染物削减目标的实现和水环境的改善。因此，小区中海绵体建设对保证社会经济可持续发展和生态系统良性循环均具有积极作用，值得进一步的研究和实践。

据了解，浙中地区老旧小区目前正在改造过程中，因地制宜，也充分融入海绵理念。把小区多处的原有铺装改建为透水铺装，通过海绵改造加装透水砖，打造透水停车场。将原小区易积水处结合路面坡向设置渗水盲沟，提升了小区道路、停车场、绿化的吸水储水能力，有"海绵"效果。需要注意的是，老旧小区的改造过程中，并不是从头开始，重新建设小区排水系统，而是对之前落后的小区建设的一种"减负"和补充，在原有小区建设基础上，针对局部或者小范围基础设施的整改，最大程度地发挥小区本身应具备的作用，营造"海绵小区"。

海绵城市建设坚持"低影响"开发，结合"五水共治"、城中村改造、河道综保工程、管廊和地下空间开发等所有基础设施建设项目，在建筑、小区、道路、公园、河道绿带等各个领域项目中推广，确保在每个项目领域都融入海绵技术。相信不久的将来，浙中生态廊道会建成大海绵格局丰富、小海绵设施高效、江南水网特色突出的海绵城市，共建共享诗画浙江、美好家园，人与自然和谐共生，成为真正的花园城市。

注：本工程所选用的图6-5～图6-21及图6-24、图6-25由施工单位提供。

第七章 透水铺装技术在城市道路中的应用

传统市政道路雨水控制方式以路面收集-雨水口排泄-市政管网运移为主。随着城市化进程的加快,传统市政道路雨水控制方式的弊端愈发明显。首先,道路收集雨水通过市政管网直接排除,无法浇灌道路两旁绿地,浪费水资源;其次,道路绿化带无法蓄积雨水,干旱条件下植被浇洒需消耗大量自来水;最后,由于道路路面硬化无法渗透雨水,短时间强降雨条件下易形成大规模地表径流、产生洪涝等灾害。在海绵城市建设中,对市政道路的改造主要应从解决以上3个问题入手。人行道中的雨水可以通过直接渗透进行吸收和蓄积,另一部分超出蓄积能力的水源可以以绿地渗透方式汇集到蓄水池,若蓄水池储存空间不足,则可以通过雨水管道传输至道路红线外的蓄水设施。

在改造人行道过程中,从成本和生态角度考量,整条道路一般不进行扩宽处理,可以根据需要在道路两侧铺设彩色透水砼或透水砖铺装,以提高道路景观效果和视觉影像安全度,并维持现有道路中线、断面高程基本不变,在现状条件下改造排水体系。建成后的道路对雨水回收利用将形成绿化带蓄积、溢流井收集、雨水过滤、市政管网存储的循环利用过程。所需改造的方案包括人行道透水铺装、溢流式雨水口、生物滞留绿化带等技术。

浙中地区的海绵城市建设中,为改善人居环境,提升城市品位,各地掀起人行道提升改造工程的热潮。人行道作为城市地面的主要通道,其强度、舒适度、耐磨性、防滑性及美观等,与城市人们的生活息息相关。笔者在人行道提升工程的调研过程中,重点了解金华东阳街人行道提升改造工程,义乌欧意电器北公交站附近阳光大道路段及东阳陈宅街公园附近人行道路、同力服装厂附近道路及金华义乌街等。

第一节　金华东阳街人行道提升改造工程

调研中适逢该工程部分路段的施工过程，主要采用的是浙江寰龙有限公司生产的透水砖(图7-1、图7-2、图7-3、图7-4)。铺装过程中，比原有道路的地面砖尺寸大(图7-5、图7-6)，铺装速度快，防滑性好，且很好解决地面积水。施工过程中，首先进行素土夯实，级配碎石铺垫，再铺设粗粒径透水混凝土(图7-7,图7-8)，铺设一定厚度的黄砂(图7-9、图7-10)，考虑到透水砖的铺设既要稳定、有一定的黏结性，同时还要尽可能少的影响其透水性，透水砖铺设前在对应范围的黄砂上洒稀释的水泥浆(见图7-11)，透水砖按照设计图样安置在合适位置，用橡皮锤敲击(图7-12)，使其位置高度符合要求。铺设一段路面之后，在透水砖之间铺沙黄砂填充透水砖之间的缝隙(图7-13)。在现场我们可以看到，铺设好的透水砖路面和其他路面结合比较好(图7-14、图7-15)。

图7-1　工程现场所用透水砖的包装

图7-2　工程现场用透水砖标识

图7-3　工程现场用透水砖

图 7-4 工程现场盲道用透水砖

图 7-5 原路面砖人行道效果

图 7-6 提升后的人行道效果

图 7-7 铺设粗粒径透水混凝土

图 7-8 透水砖铺设构造

图 7-9 现场铺设用的黄砂

图 7-10 铺设黄砂

图 7-11 铺设透水砖前洒水泥浆

图7-12 用橡皮锤敲击

图7-13 在铺设好的透水砖面层洒黄砂

图7-14 铺设好的透水砖路面和其他路面结合好1

图7-15 铺设好的透水砖路面和其他路面结合好2

第二节　义乌欧意电器北公交站附近阳光大道路段

调研时义乌欧意电器北公交站附近阳光大道路段已施工完成。可以看到该路段比较好地采用了透水混凝土铺装与透水砖的结合（图7-16）。部分道路虽然在透水混凝土面层涂了保护剂，但褪色较严重（图7-17、图7-18）。

图7-16　义乌阳光大道人行道1

图7-17　义乌阳光大道人行道2

图7-18　义乌阳光大道人行道3

第三节 东阳部分人行道提升改造工程

一、东阳陈宅街公园附近人行道路

东阳人行道提升工程中多利用地面砖自身构造达到渗水效果,也有部分路段采用透水砖,由于范围不大,效果不够明显(图7-19)。在调研过程中,我们也意识到,路面卫生状态对透水铺装的性能影响很大。

图7-19 东阳陈宅街公园附近部分道路　　图7-20 已完成的粗粒径透水混凝土部分

二、东阳同力服装厂附近道路

调研过程中注意到东阳同力服装厂附近部分道路采用的是透水混凝土铺装,面层下的粗粒径透水混凝土已经施工完成(图7-20、图7-21),细粒径透水混凝土的施工原材料砾石堆积在附近(图7-22),工程有待进一步完成。

图 7-21　粗粒径透水混凝土　　　　图 7-22　面层原材料采用细粒径石子

第四节　金华义乌街人行道提升工程

金华义乌街道路提升过程中,对部分路段进一步考虑对自行车道和人行道分区,自行车道采用透水砼铺装,人行道采用透水砖铺装(图7-23)。排水方面,除了采用雨水井之类,同时整体坡向绿化带(图7-24),更好提高疏水速度。透水铺装施工过程中,在原素土夯实的基础上(图7-25),铺设一定厚度的级配碎石作为蓄水层(图7-26),再铺设粗粒径透水混凝土(图7-27),特别要注意的是,粗粒径透水混凝土的厚度根据面层采用透水砖还是透水砼其厚度有所不同。如果最后铺设面层透水混凝土,要进行表面磨光(图7-28)及喷涂表面保护剂(图7-29),并进行毛毡覆盖养护,一般2~3天即可开放通行。在铺装透水砼的构造上,其基层采用级配碎石、粗粒径透水砼、细粒径透水砼等都起到了很好的蓄水疏水作用(图7-30)。调研过程中,周围居民反映采用透水砼铺装,有一定的色彩,感觉档次很高,同时,透水砼自身可塑性较强,可以根据实际需要做成各种形状,也使透水砼可以和周围附属设施形成整体效果(见图7-31)。

图 7-23　人行道和自行车道采用不同透水铺装

图 7-24　透水铺装整体坡向绿化带

图 7-25　对原素土夯实 94% 以上

图 7-26　级配碎石作为蓄水层

图7-27 铺设粗粒径透水混凝土

图7-28 对透水砼面层处理的表面磨光机

图7-29 铺装好的透水砼路面及适当养护

图7-30 透水砼基层构造

图 7-31　透水砼铺装整体性效果好　　图 7-32　对不同透水铺装区域进行分区

如果面层采用的是透水砖铺装，在级配碎石铺装之后对透水砼和透水砖部分进行分区（见图 7-32），铺设一定厚度粗粒径透水混凝土之后，铺设黄砂，洒稀释后的水泥浆，按设计图样进行透水砖铺设，最后撒黄砂填透水砖砖缝（见图 7-33）。遇到与其他设施的连接，根据施工实际需要对透水砖进行切割，也可以达到比较好的整体效果（见图 7-34）。在铺装透水砖的构造上，其基层采用级配碎石、粗粒径透水砼、黄砂等起到一定的蓄水疏水作用（见图 7-35）。

在上述浙中地区人行道的提升工程中，我们看到不同透水铺装可以单独应用也可以进行组合应用：透水混凝土铺装、透水砖铺装、透水混凝土＋透水砖组合铺装等各有特色。透水铺装不仅施工速度快，道路的舒适性、透水性、透气性、美观、降噪性等都有很好改善。

通过浙中地区部分人行道提升工程中采用的透水铺装研究，我们注意到透水混凝土路面的色彩，处理好可以起到很好的美观作用，如果色彩处理不当反而会不美观甚至感觉陈旧。这要求颜色选择要恰当，保护剂质量要过关，同时车辆的磨损对透水混凝土表面影响较大，所以对采用透水铺装的道路车载及流量要适当控制。同时，透水混凝土使用后的维护很重要，会对其使用效果及使用寿命有很大影响。

图7-33 透水砖砖缝填黄砂

图7-34 根据施工需要对透水砖切割

透水铺装使用后,其表面要经常进行清洁,以防过多颗粒进入透水铺装材料空隙,影响其透水性。要定期检查透水铺装,若发现破损需及时更换和修补;发生不均匀沉降需重新找平和铺设;当渗透能力明显减弱时,可进行冲洗或负压吸出杂质。一般情况下,透水铺装养护频率1年1次即可满足要求。若养护区域较为整洁或污染较重,可适当放宽或加密养护。

图7-35 透水砖的基层构造

第八章 透水铺装技术在校园中的应用

第一节 概述

  雨水是城市水循环和区域水循环中的重要一环。近年来随着城市的扩张及更新、大规模新建建筑,造成地面硬化率上升、地表雨水渗入率降低,使得雨水地面径流量增加,一则地下水得不到有效补偿,雨水白白浪费;二则形成城市雨洪,给人们的生产、生活带来危害。在此背景下,发展生态友好的雨水利用技术,在维持场地生态稳定的前提下进行开发建设,成为重要的城市课题。从20世纪七八十年代起,发达国家率先探索相关技术和设施,LID(低影响开发)已经是实践证明较为成熟有效的场地设计和径流管理理念。

  学校具有人口密集、集中用水量大、开放性强等特点,校园环境绿化率高、汇水面积大,且水质较好。在学校合理开发利用雨水资源,从资源层面上讲,可以节约水资源,缓解校园供水压力;从生态层面上讲,可以减少雨水径流,降低洪峰流量,减轻排水压力,并有效增加地下水补给。

  透水性路面使水可以垂直流过坚硬的表面,减小雨水径流。一个透水的铺路系统还应包括土壤、砂石等类型的地下基层,以增加雨水存储量并最大程度地提高渗透率。使用高反照率或浅色的透水铺装系统可以减少城市热岛效应。

  路面透水铺装,能含蓄下渗雨水。透水性铺装可以减少地表径流,通过渗透作用补充地下水源,保持土壤和地下水的生态平衡,同时还可有效缓解路面积水,减少雨季排水的压力。透水铺装雨天无积水,避免地面湿滑和反光,提高行人步行的舒适度。

  综上所述,对校园进行海绵化铺装,可以有效解决学校校园雨天积水问题,增强学校各建筑物周边设施的蓄水和排水能力,在适应环境变化和灾害方面提高弹性，也为日后其他校园海绵城市建设提供有益参考。校园透水铺装还可以充分发挥自然植被存储净化的作用，将净化后雨水收集回用，真正意义上实现"源头减排、过程控制、末端利用"。

第二节　湖门幼儿园

义乌市后宅街道湖门幼儿园是一所省三级幼儿园，辐射湖门、俊塘、广口、下余山、三里店、新华等8个自然村。2020年11月，该幼儿园路面施工基本完成。笔者有幸到该园调研，幼儿园路面与幼儿园特性紧密结合，采用透水砼铺装、塑胶场地、沥青路面、塑木地板、绿地、沙坑等错落有致（见图8-1），无论是色彩、功能，还是舒适性，都让人感觉俨然一个童话世界。该园采用的透水砼铺装，色彩上以灰色系列为主，主要有暖灰色和浅灰色（见图8-2）。在这里，我们可以看到透水砼和塑胶场地衔接（见图8-3、图8-4）、透水砼和绿地结合（见图8-5、图8-6）、透水砼和其他附属设施的结合（见图8-7），不仅能更好满足园区的主体功能，还充分展示透水砼铺装和其他材质路面衔接良好且美观大方。

由于该园大门北侧有一条沟渠广口溪，当地人称为门前溪，设计时对路面下部铺设透水基层考虑坡向幼儿园北面门前广口溪（见图8-8、图8-9），这样很好地解决园区道路排水流向问题，不需要专门设置蓄水池。整个园区由于透水砼铺装面积比较大（见图8-10、图8-11），通过结合透水砼的铺装，该幼儿园在满足自身功能的前提下实现了构建"会呼吸""透气"的幼儿园（见图8-12、图8-13）。

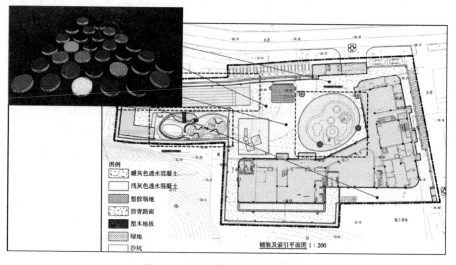

图8-1　园区铺装及索引平面图

图 8-2　灰色系列透水砼：暖灰色和浅灰色

图 8-3　透水砼铺装与塑胶场地结合 1

图 8-4　透水砼铺装和塑胶场地结合 2

图 8-5　透水砼铺装和水池、绿地、塑胶游乐设施的结合

图 8-6　透水砼铺装与绿地结合

图 8-7　透水砼铺装和其他附属设施结合

图 8-8　路面坡向北侧水渠 1

图 8-9　路面坡向北侧水渠 2

第八章　透水铺装技术在校园中的应用

图 8-10　园区透水砼铺装一角

图 8-11　园区透水砼铺装小路

图 8-12　园区铺装效果总览 1

图 8-13　园区铺装效果总览 2

通过本案例我们可以知道,形成一大块海绵体的学校就在身边,海绵体学校可以为孩子们营造"会呼吸""透气"的环境,更好地见证孩子们的成长。

说明:本工程所选用的图 8-1 由施工单位提供。

第九章 透水铺装的推广及展望

第一节 透水铺装的推广

透水铺装作为海绵体的主要载体,国家在政策上十分重视,国务院办公厅印发《关于推进海绵城市建设的指导意见》,浙江省政府办公厅制定发布《关于推进全省海绵城市建设的实施意见》,国家住建部及浙江省住建厅在建筑相关政策制定上直接将体现海绵理念的透水铺装列入指标进行透水铺装推广,浙江省多年来将透水铺装相关工法列入省级工法,在技术上进行支持。体现海绵理念的透水铺装在国家政策鼓励、技术支持的推动下,不断推广应用。

一、相关的主要文件

2014年12月,《开展中央财政支持海绵城市建设试点工作的通知》(财建〔2014〕838号)中央财政对海绵城市建设试点给予专项资金补助,采取竞争性评审方式选择试点城市。2015年10月,国务院办公厅印发了《关于推进海绵城市建设的指导意见》(国办发〔2015〕75号)。

2015年8月10日《水利部关于印发推进海绵城市建设水利工作的指导意见的通知》(水规计〔2015〕321号)明确推进海绵城市建设水利工作的总体思路,水利工作的主要任务,水利工作要求。治理内涝不能头疼医头,脚痛医脚,一味地增加排水管网不能解决问题,而是要通过地下管廊,打造"海绵城市"。坚持生态优先,安全为重,因地制宜,积极探索"海绵城市"建设路径。构建政府为主导,企业为主体,市场有效驱动,全社会共同参与的推进"海绵城市"建设的工作格局。

2015年12月,发布《住房和城乡建设部 国家开发银行关于推进开发性金融支持海绵城市建设的通知》(建城〔2015〕208号)从项目储备制度、信贷支持力度、工作协调机制几个方面发挥开发性金融对海绵城市建设的支持作用。

2015年12月,中央城市工作会议提出要提升城市建设水平,加强城市地下和地上基础设施建设,建设海绵城市;浙江省自2014年底开始,财政部、住房和城乡建设部、水利部开展了中央财政支持海绵城市建设试点工作,浙江省嘉兴市、宁波市分别被列为2015年、2016年试点;2016年5月,浙江省委城市工作会议提出要建设符合江南水乡实际的特色海绵城市。在此基础上,为深入贯彻落实中央和省委、省政府的决策部署,加快推进全浙江省海绵城市建设,经浙江省政府同意,2016年8月省政府办公厅制定发布了《关于推进全省海绵城市建设的实施意见》,文件从海绵城市建设的总体要求、建设重点、主要举措及保障措施等四个方面,对浙江省为贯彻落实《国务院办公厅关于推进海绵城市建设的指导意见》提出具体实施意见。

文件首先指出,海绵城市是指通过加强城市规划建设管理,充分发挥建筑、道路和绿地、水系等生态系统对雨水的吸纳、蓄渗和缓释作用,有效控制雨水径流,实现自然积存、自然渗透、自然净化的城市发展方式。

《关于推进全省海绵城市建设的实施意见》文件综合考虑国家要求和我省实际,采取"渗、滞、蓄、净、用、排"等措施,最大限度地减少城市开发建设对生态环境的影响,将70%的降雨就地消纳和利用。2016年起,全省各城市新区、各类园区、成片开发区以及各类有条件实施的新开工项目要全面落实海绵城市建设要求;到2020年,设区市建成区25%以上的面积达到目标要求,其他设市城市建成区20%以上的面积达到目标要求;到2030年,城市建成区80%以上的面积达到目标要求,县城建成区50%以上的面积达到目标要求。

文件指出,海绵城市建设的基本原则之一是分区实施。根据城市总体规划和排水、排污分区情况,确定不同的径流控制率及相关控制指标。城市新建城区及新建建筑、道路、公园、水系、广场等,应严格落实低影响开发(LID)理念;老城区应结合城市综合整治、老旧小区(棚户区)改造、低洼易涝点和河道整治等逐步实施。2020年11月笔者在对透水铺装海绵体调研的过程中,注意到透水铺装海绵体在浙中地区的小区、公园、广场、工厂、幼儿园等建设中都有体现。透水铺装在海绵城市建设中作为不可或缺的海绵体地位,其应用及效果已有目共睹。

文件指出海绵城市建设的基本原则还要因地制宜。综合考虑各地经济社会发展条件、自然条件、水资源状况(自然水文状态)、原有排水设施能力等因素,平原、丘陵、山地、海滨等不同类型城市应因地施策,结合城市规划建设、旧城改造,统筹推进海绵城市建设。笔者调研中注意到透水铺装在浙中地区实施过程中,如公园、广场、栈道等周边水源充分的区域(如周边即江河湖泊或绿植覆盖面大),对透水基层的透水管及透水铺装系统的蓄水功能需求可以不予考虑,该环境中的透水铺装在下雨时主要起到降低地表径流,地面不积水,游人不湿鞋,营造舒适透气环境,其基层透水蓄水层(级配碎石、粗粒径透水砼等)起到蓄水作用,需要时释放水。这种环境的排水设计可以从环境整体因地制宜注重垂直设计,统筹考虑。小区、工厂、人行道、学校等如果透水铺装周边绿化足够丰富,可以不考虑基层的透水管及蓄水池的建立,但其基层透水蓄水层的厚度应有保障。调研过程中我们注意到,蓄水池的功能除了起到很好的蓄水功能,还可以对雨水进行循环利用,起到浇灌绿植、假山水池喷泉等功能。笔者注意到,如果只看透水铺装过程中增加的透水管和蓄水池这一个环节,的确会增加投资甚至延长工期,增加了施工复杂性。习总书记提出创新、协调、绿色、开放、共享五大发展理念,透水铺装过程中增加的透水管和蓄水池这一个环节,对整体环境来说完全融入了绿色发展、协调发展、共享发展等理念,从而更好实现以人为本,人与环境共生。

  文件建设重点第二点提到"优化城市公园和绿地建设。……要因地制宜……园路、绿道和停车场等区域采用透水铺装等,提高雨水渗透能力,有效削减地表径流峰值和流量,净化雨水径流,合理利用雨水资源"。笔者在调研中注意到,截至2020年11月,透水铺装在浙中地区的改造公园园路、绿道和停车场等区域应用已很普遍,海绵城市建设中的透水铺装作为海绵体的海绵理念在园路、绿道和停车场等的建设中已充分融入,技术上也不是问题。

  文件建设重点第三点提到"改善城市道路和广场排水。……城市广场、城市慢行系统、公共停车场以及非重型车辆通道优先采用透水铺装"。笔者在调研中注意到,城市广场、人行道、停车场等新建工程,目前浙中地区在建设过程中优先考虑透水铺装作为海绵体建设,技术上也可行。

  文件建设重点第四点提到"促进居住建筑和小区调蓄。……在场地条件允许的情况下,非机动车道、地面停车场和消防通道应采用透水铺装增加雨水自然渗透空间,可渗透地面面积比率不应低于40%。有条件的建成区应根据可渗透地面面积比率进行透水性改造。新建建筑和小区要全面推行建筑屋顶绿化和立体绿化,增加雨水渗透、净化和收集利用设施;既有建筑和小区可结合实际情况对建筑屋顶、周边绿地以及景观水体等实施低影响开发改造。要结合小区景观水体建设雨水湿地和蓄水池,用于绿化灌溉、景观水体补水和道路清洗保洁等。政府投资建设的公共性建筑、保障性住房和棚户区(危旧房、老旧小区)改造项目要率先落实海绵型住区的要求"。本次调研由于自身资源受限,重点考察了一个新建小区,该小区不仅因地制宜铺设透水铺装增加雨水自然渗透空间,还建立蓄水池、地埋一体机等设施,实现对屋顶及路面下渗雨水进行收集、净化、循环利用等,这充分说明统筹规划设计和技术等方面实现小区雨水的收集-蓄水-净化-循环利用是完全可行的,同时还可以进行智能化管理。

文件建设重点第五点提到"推进公共建筑项目海绵体建设。机关、学校、医院、文化体育场馆、交通场馆和商业综合体等各类大型公共建筑项目要率先推进海绵体建设,减少非透水性硬质铺装面积,有条件的要配套建设具有削峰调蓄功能的景观水池、低洼水塘等"。笔者由于自身时间受限,这方面透水铺装资源没有进行实地考察,有待进一步落实。

2016年2月,《住房和城乡建设部关于印发城市综合管廊和海绵城市建设国家建筑标准设计体系的通知》(建质函〔2016〕18号),明确了海绵城市建设国家建筑标准设计体系,包括规划设计、源头径流控制体系、城市雨水管渠系统、超标雨水径流排放系统。

2020年4月,为贯彻落实浙江省委、省政府关于城镇老旧小区改造的决策部署,切实加强对城镇老旧小区改造的规范引导,浙江省住房和城乡建设厅编制《浙江省城镇老旧小区改造技术导则(试行)》。该导则在基础设施再造中的道路交通改造中提到"宅间路宜采用铺装路面,并优先考虑透水铺装材料。"导则在小区环境优化就小区"海绵化改造"专项提出五个方面:老旧小区宜结合海绵化改造,宜优化整体竖向,采用生态排水设计,有条件的小区宜设置低影响开发雨水系统,并设计溢流排放系统与市政雨水系统衔接,缓解市政排水系统压力;海绵化改造应参照当地海绵城市建设相关技术导则、专项规划、实施方案中对地块年径流总量控制率、径流污染削减率、内涝防治标准等指标的要求,并结合实际合理确定设计标准;改造的机动车道、人行步道宜采用符合要求的透水材料;道路、广场、停车场及建筑周边绿地宜采用下沉式做法,将雨水引入道路周边绿地内消纳、净化;改造后,建设低影响开发设施区域宜采用安全防范措施,并定期组织人员进行设施维护,建设、施工、运维标准应参照现行规范要求等。小区改造的海绵理念将在浙江省全面展开,小区实现海绵化是小区环境优化的重中之重。

二、作为指标考量进行推广

随着海绵理念的深入,国家住建部及浙江省住建厅在建筑方针政策制定上充分体现对透水铺装的重视,直接列入指标进行透水铺装推广。主要如下:

1.《绿色超高层建筑评价技术细则》

为推动我国超高层建筑的可持续发展,规范绿色超高层建筑评价标识,2012年5月14日,中华人民共和国住房和城乡建设部以建科〔2012〕76号印发

《绿色超高层建筑评价技术细则》(以下简称《技术细则》)。《技术细则》作为现行国家标准《绿色建筑评价标准》(GB/T 50378—2006)的补充,目的是为超高层建筑的规划、设计、建造和运营管理提供更加规范的具体指导,为绿色超高层建筑评价和发展提供更加明确的技术原则,以尽可能降低其对城市能源资源和微气候环境的影响,实现健康可持续发展。绿色超高层建筑应满足本细则中所有控制项的要求,并按满足一般项数和优选项数的程度,划分为三个等级,本细则控制项、一般项与优选项共99项,其中控制项33项、一般项49项、优选项17项。其中绿色超高层建筑等级为二级的要求优选项达到7项,三级绿色建筑的优选项要达到12项。

《技术细则》在"节地与室外环境"中的优选项4.3.2中提到:室外透水地面面积比大于等于30%且透水铺装率大于等于70%,下凹式绿地面积大于等于50%。

本条透水铺装率指项目区域内采用透水地面铺装的面积与整个项目室外硬质铺装地面面积(包括各种道路、广场、停车场,不包括消防通道及覆土小于1.5m的地下空间上方的地面,不包括绿化、镂空植草砖、水面)的百分比。含符合产品标准《透水砖》(JC/T 945—2005)要求的透水砖铺装地面。

2.《绿道设计与施工技术规程》

2016年12月浙江省住建厅发布的浙江省工程建设标准《绿道设计与施工技术规程》(DB33/T 1130—2016)在"设计慢行道"中提到:采用自然材料铺装慢行系统路面,宜采用软性铺装。采用硬性铺装时,应优先采用透水砖、透水水泥混凝土或透水沥青等透水材料。

3.《城镇道路排雨水设计规范》

2017年11月浙江省住建厅发布的浙江省工程建设标准《城镇道路排雨水设计规范》(DB33/T 1144—2017)在"管渠和附属设施的渗透设施"中提到:人行道、绿道等慢行系统宜采用透水路面,车行道在条件成熟地区宜采用透水路面;透水路面应满足道路结构强度的要求,并具有透水、防滑等功能;透水路面的结构设计,应根据不同路面材料分别符合相关规定。

4.《浙江省绿色社区建设行动实施方案》

2020年10月浙江省建设厅、省发展改革委等6部门共同研究制定下发的《浙江省绿色社区建设行动实施方案》提到,采用系统联动、整体推进原则时,"加强部门协调联动,有效整合各方资源,将建设活动与城镇老旧小区改造、美丽城镇建设、园林城市创建、海绵城市建设、智慧安防小区建设、城市有机更新、垃圾分类、污水零直排区建设有机结合,提高绿色社区建设实效"。

方案在"推进集约高效的基础设施改造"中提到:综合采取"渗滞蓄净用排"等举措推进社区海绵化改造和建设,因地制宜推广海绵理念,促进雨水就地蓄积、渗透和利用。

方案在"组织实施中,统筹政策支持"中提到:各地建设部门要加强与财政部门沟通,争取资金支持。各地应统筹用好城镇老旧小区改造、绿色建筑、既有建筑绿色化改造、海绵城市建设、智慧城市建设、智慧安防小区建设等涉及住宅小区的各类资金,推进绿色社区创建,提高资金使用效率。

方案在最后的附件"绿色社区建设评估参考标准"中提到,建设标准之一为开展了社区道路综合治理、海绵化改造和建设,生活垃圾分类居民小区全覆盖,未开展海绵化改造和建设扣 2 分。

由以上资料我们可以看出,海绵体的绿色发展理念,已充分融入绿色社区建设中。

三、技术支持

浙中地区进行海绵城市建设之后,城市逐渐变得可以自由呼吸、自然吐纳,成为"山水林田湖"一体的"生命共同体"。从技术层面讲,浙中地区的海绵城市建设较好综合遵循了"渗、滞、蓄、净、用、排"六字方针。

透水路面的结构设计,根据不同路面材料分别符合相关规定,目前已发布透水铺装主要相关规范如下:透水混凝土路面应符合《透水混凝土路面应用技术规程》(DB33/T 1153—2018),透水砖路面应符合《透水砖路面技术规程》(CJJ/T 188—2012)的规定。

透水砼铺装作为海绵城市建设的主要海绵体,我们看到透水混凝土铺装的技术方面,浙江省近几年陆续推出各项与透水铺装相关的省级工法,主要如下:透水软管的施工工法(浙江省 2008 年度省级工法)、混凝土基透水路面砖路面施工工法(2010 年度)、新型生态透水地面系统施工工法(2013 年度)、城镇道路改进型彩色透水沥青混合料施工工法(2017 年度)、表面耐磨保护的透-储水路面施工工法(2019 年度)、雨水花园透水路面滞留池过滤排水储蓄系统施工工法(2019 年度)、海绵城市基于 ECP 渗水板地面系统施工工法(2019 年度)、城市道路绿化带生态型雨水渗透滞留系统施工工法(2019 年度)、市政道路工程机非隔离带下沉式雨水调蓄系统施工工法(2019 年度)、市政道路平底下沉式绿化带雨水蓄排系统施工工法(2019 年度)等。

同时,为更好推进浙江省各地海绵城市建设,浙江省住建厅专门提供浙江省海绵城市专家库名单,供需要建设海绵城市的地方选择。

从透水路面结构设计的相关技术规定及这些年度省级工法可以看出,无论是透水混凝土还是透水砖,在透水铺装过程中需要的施工方法、表面处理、基层透水管、蓄水池,甚至 ECP 渗水管的施工技术,都已经可以很好地和地质水文气候结合,因地制宜,在实践中证明可行。从这些与透水铺装相关的各年度省级工法可以看出透水铺装在我省应用试点不断增加,施工技术基本困难都已解决。结合我省江南水乡的实际现状,坚持绿色发展、协调发展、共享发展的理念,结合因地制宜原则,透水铺装作为海绵城市的海绵体的实施可以更好推广。

调研中我们也意识到,海绵城市建设过程中,难免听到一些不一样的声音。海绵城市建设是对自然环境的保护和修复,在将城市开发对环境的影响降到最低的同时,还要从国家生态文明建设的整体性考量。而且,海绵城市建设也不是万能的,单靠它并不能解决城市发展过程中的所有问题,关键是要因地制宜找到适合自身特点的绿色发展之路。

海绵城市建设的目的是使城市逐渐变得可以自由呼吸、自然吐纳,成为"山水林田湖"一体的"生命共同体"。浙中地区在海绵城市建设过程中,结合浙中地区的特点和水环境等因素,不断恢复生态,重现江南水乡特色,使浙中地区成为"水清、岸绿、鱼游、景美"的大花园指日可待。

第二节 透水铺装的展望

浙中地区自身水域丰富,生态环境良好。仔细观察便随处可见雨水的利用设施,甚至是基于低影响开发理念的相关设施,让人体会到与环境共生,虽然目前浙中地区在雨水利用方面的工作还有很多缺陷,但相信通过政府和社会各界的共同努力,可以把浙中地区环境建设得更加美观整洁、生态友好。

海绵城市作为城市发展新方向,国家政策等方面已经密切关注,是今后城市发展的必然方向。透水铺装作为海绵城市发展过程中必不可少的海绵体,其施工工艺、速度、生态等方面也备受瞩目。笔者开始在实验室研究透水混凝土性能到现在透水铺装的推广应用已有十余年,笔者尝试从自身所见所感谈一下透水铺装的主要存在问题及发展方向。

一、透水混凝土铺装的主要存在问题

透水混凝土由于其透水性和具有一定的强度,在满足使用功能的前提之下,被人们誉为"会呼吸"的混凝土,很好地满足了人们与自然亲近及雨天不湿鞋等功能。作为海绵城市的"海绵神器"之一,透水铺装在使用过程中其性能及应用主要存在以下问题。

1. 强度有待进一步提高

虽然目前透水混凝土在满足其透水性的前提下,强度一般可达 C30,但要

达到车流量比较集中的道路路面要求，其强度有待进一步提高。但是材料强度提高往往要求密实度更高，这与透水混凝土透水性要求相矛盾。透水混凝土的透水性好和强度高本身就是个悖论，这是需要进一步探索的难点，这个悖论能否很好解决，也决定了透水混凝土的适用范围，决定了透水混凝土能走多远。

2. 施工及验收方法需进一步规范

透水混凝土由于其水灰比小（一般在0.4以下），水泥浆只是包裹在骨料表面，施工过程中的摊铺及碾压方式很重要。工程实际使用中我们可以看到，透水混凝土料卸下来之后，施工人员先用耙类工具将混凝土大致摊铺平整，再采用人工推移平板振动器进行碾压及平整。但是人工过程中，行走的速度、人自身体重等施工方式还不够规范，这方面有待规范化，使透水混凝土的施工有据可依。目前，对透水铺装的验收仅限于性能检测，对其施工过程还没有形成过程监督，施工过程的控制点有待加强。

3. 生态性

透水混凝土由于其透水性好，被称为会呼吸的混凝土，透气性好，因此被人们称为生态混凝土。但是由于透水性和强度之间的悖论，在透水混凝土进行配合比设计时，往往要掺入一定剂量的外加剂，这些外加剂的环保效应如何有待商榷，也期待可以对所采用的外加剂的环保性能进行说明。

4. 裂缝

在使用后的透水铺装道路中，我们可以看到一定时间之后有些铺装会出现裂缝，对其美观造成影响。透水混凝土由于其表面保护剂可以有不同颜色，增添了其美观性，所以裂缝的出现特别醒目。笔者对透水混凝土的裂缝专门进行过研究，注意到其裂缝产生原因与道路混凝土原因差不多，基本是由于地基沉降不均匀（见图9-1、图9-2、图9-3）、分区不恰当（见图9-4）、热胀冷缩（见图9-5、图9-6）等。这些裂缝的产生是道路混凝土的常见问题，所以对其推广使用并不造成影响。同样，由于道路过载或其他原因也可能造成路面受损（见图9-7）。但是由于透水混凝土的美观性要求更高，这就决定了如果裂缝过大或者在主要部位出现裂缝影响美观，可能需要重新修补。

5. 透水空隙的堵塞

透水混凝土的透水性主要取决于其空隙大小，在拌制混凝土过程中按照要求使其达到一定透水性，但是实际使用过程中会受到各种因素影响。

透水混凝土在使用过程中很容易和周围物质接触，一些尺寸足够小的材料就会进入其空隙，造成部分空隙被堵塞，从而影响其透水性。如果所处环境过于潮湿，甚至会有植物在空隙中生长（见图9-8）。实际施工中，会在透水混凝土铺装后养护7~14天喷涂表面保护剂。表面保护剂可以保证透水混凝土的空隙率,同时防止异物进入空隙,还可以有不同颜色起到更好的美观效果或指示作用(见图9-9、图9-10)。但是如果表面保护剂喷涂不当,其自身也会造成空隙封堵(见图9-11)。另外,由于阳光、雨水、大气等环境因素的作用,表面保护剂使用之后色泽相差会比较大(见图9-12)。同时,表面保护剂的环保生态性有待商榷。

图9-1　地基沉降不均匀造成裂缝1

图9-2　地基沉降不均匀造成裂缝2

图9-3　地基沉降不均匀造成裂缝3

图9-4　分区不恰当产生的裂缝

图 9-5　收缩裂缝 1

图 9-6　收缩裂缝 2

图 9-7　因磕碰产生的凹坑

图 9-8　植被在空隙中生长

第九章 透水铺装的推广及展望

图 9-9 透水砼表面进行指示作用 1

图 9-10 透水砼表面进行指示作用 2

图 9-11 喷涂不当造成空隙封堵

图 9-12 使用后出现色差

我们可以看出,在透水混凝土使用的地方,环境卫生比较重要。随着社会文明的发展,人们环保意识不断增强、垃圾分类等观念不断形成,可见透水混凝土的出现也是符合时代需求的产物。

6. 雨水的循环利用

透水混凝土的使用,主要是其透水性好。这样的路面具有比较好的蓄水性。其蓄水性和基础构造有密切关系。一般需要一定厚度的蓄水层。常见基础处理方法:素土夯实达到94%,级配碎石,粗骨料透水混凝土,再铺设面层透水混凝土。并且,透水混凝土的蓄水性,还体现在对雨水的循环利用,对环境起到调节作用。这就需要设置蓄水池。在之前的案例中我们看到,龙游海绵城市的工业区有蓄水池的设置,可以较好达到对雨水的循环利用;东阳同力服装厂,透水基层内采用专用透水软管,整个厂区形成透水道路软式排水管网;金华山前庄头安置小区建设工程(棚改项目)在小区内透水混凝土人行道路面不同位置采用雨水井引流起到蓄水作用;在燕尾洲公园透水砼主路、翠湖公园透水砼主路等景区铺设的透水砼路段,由于道路四周均为绿植,所以不需考虑雨水蓄水。双龙水库栈道、翠湖公园水上栈道、燕尾洲公园水上栈道等,水上栈道基层虽然为C30普通混凝土,其上铺设粗粒级透水混凝土,再铺筑面透水层混凝土。面层及下部的透水混凝土起到一定的蓄水作用,由于栈道下就是水面,当这些蓄水功能不能满足时,水就自动分流到下面水体。

这里我们注意到,透水铺装的蓄水功能,与其使用环境有密切关系。由于蓄水池、雨水井及专用透水管等设施的采用对透水铺装影响很大,关于不同位置透水铺装的设计规范急需出台,以利于透水铺装的更好推广。

二、展望

1. 统筹规划,全面推进

当前浙中地区海绵城市建设全面铺开,在一些领域上取得了初步效果。但海绵城市建设是系统工程,牵涉面较广,涉及理念转变、法律法规、基础设施、全民参与等各个方面的问题,仍有待全面推进。

2. 探索海绵城市智慧化管理运营模式

加快探索海绵城市智慧化管理运营模式。把海绵城市与智慧城市建设结合起来,采用大数据、互联网、物联网和云计算等技术手段,将涉及海绵城市的规划、建设、运营管理和环境绩效的全过程数据进行综合管理,实现智慧水务和智慧城市建设目标。在对海绵体实现智慧管理的过程中,对采用海绵体后的地表径流变化、降噪效果、缓解热岛效应等大数据的分析,可以让人们更好明确海绵体的构建对人们生活品质的改善作用。同时,通过智慧管理实现对海绵体的

3. 借鉴经验

借鉴欧美、日本等发达国家相关城市经验并参考碳排放交易机制,尽快研究并试点开展雨水管理收费制度和雨水排水权交易制度。同时,针对社会资本参与,出台奖励、补贴、贷款或税收优惠等激励政策,鼓励更多的企业主体和物业主体参与到海绵城市建设中来。强化按绩效付费的市场化资金渠道和市场化调节手段,真正落实按照流域或排水分区、基于城市规划建设管控、控源截污的海绵城市建设和水体治理目标。

4. 进一步提升海绵城市理念

提升海绵城市的社会认知度,把海绵城市建设特别是与公众密切相关、代入感强、互动性高的内容以新的技术整合起来,在重点社区、广场、公园等进行体验式、参与式的宣传活动。利用微信等社交工具,加快建立互动式的举报、评价、奖惩的信息平台,倡导绿色节约、清洁环境理念,鼓励形成社会参与、全民共治的海绵城市建设格局。

5. 因地制宜制定本地区的建设标准

由于每个城市的气候、地理、水系条件各异,应在《海绵城市建设国家建筑标准设计体系框架》指导下,结合自身特点对建设标准再细化、再完善。雨水的净化再利用是建设海绵城市的一个重要课题,应加强基础研究,探索适合本地区情况的技术,提供有力的科技支撑,降低成本,推广应用。同时,不同位置的海绵体,其功能会有差异,在建设标准过程中建议对海绵体质量要求与其使用目标进行一定结合,更好提高每一种海绵体的性价比。另外,在海绵体的选材上,以地方材料为主,更多考虑趋向原材料的生态性,形成具有地方特色的海绵体,更符合海绵体与环境结合的生态性。同时,对建筑垃圾如何"变废为宝"成为原材料,也是透水铺装降低成本的一个方面。

透水铺装使用之后空隙的堵塞对其性能影响较大,目前浙中地区的透水铺装质保期为2年左右。可见,透水铺装的使用,不但需要平时注意清洁,一定时间之后也需要进行维护,其清理维护方式也可因地制宜。这些都需要根据使用环境制定相关清理维护标准。因地制宜进行本地区的运营养护管理的规范化和标准化、专业技术水平的提高以及全寿命周期建设管理,延长透水铺装的使用寿命,对海绵城市的可持续发展具有重要意义。

6. 透水铺装材料及施工有待进一步规范

而今,透水铺装在技术上已经不是难题,但是规范性有待提高普及。施工中采用的透水砼或透水砖质量良莠不齐,而铺装材料自身质量高低对透水铺使用效果影响很大,透水砼和透水砖的标准及施工规范有待加强。

如果因为透水铺装材质自身问题造成透水铺装性能低下,后期又要进行整改,对工期和成本损害都比较大,降低透水铺装的使用效果,这样的"假海绵"对海绵理念的推广极其不利。

从提高施工速度、规范化视角来看,目前各地小海绵体遍地开花,今后还会将这些小海绵体连接形成大海绵体,连接海绵体的过程中,部分特殊部位采用装配式海绵体也会成为发展趋势。

7. 实践应用透水铺装的效果数据有待丰富

透水铺装作为海绵城市的海绵体,其透水性、透气性、防滑是主要特点,同时还有蓄水性、蒸发性、降噪、缓解城市热岛效应等持续效应。在浙中地区的透水铺装的实践工程中,关于这些持续效应方面的具体数据目前不够丰富,有待进一步积累,同时这些反映透水铺装持续效应的数据能更好印证透水铺装的生态环保海绵理念,为透水铺装的推广增砖添绵。

8. 透水铺装的进一步推广

在调研工程中看到,目前浙中地区透水铺装作为海绵城市的小海绵体,已经运用在海绵居住区、海绵道路、海绵广场、海绵工厂、海绵学校、海绵公园道路-停车场-水上栈道等。金华飞扬小镇也密切进行海绵小镇建设,部分海绵体采用透水铺装,笔者由于时间因素没能前往调研,这说明海绵型小城镇已在金华生根发芽。透水铺装作为"海绵神器",在海绵城市建设中络绎不绝,相信今后即使是"海绵医院"在浙中地区的出现也是可能的。

浙中地区透水铺装在不同海绵体中的应用,反映海绵理念在浙中地区广泛传播,透水铺装作为海绵体在实践中应用也切实可行,其使用可进一步推广。透水铺装构建是以海绵城市理念为基础,在不影响使用要求的前提下,最大化地使浙中地区海绵化,透水铺装这种小模块海绵体的作用及推广对整个海绵城市的建设有着深远影响。

参考文献

[1] 仇保兴.海绵城市(LID)的内涵、途径与展望[J].给水排水,2015,41(3):1-7.

[2] 中华人民共和国住房和城乡建设部.海绵城市建设技术指南:低影响开发雨水系统构建(试行)[M]北京:中国建筑工业出版社,2015.

[3] 俞孔坚.海绵城市:理论与实践(上下册)[M]北京:中国建筑工业出版社,2016.

[4] 伍业钢.海绵城市设计:理论、技术、案例[M].南京:江苏凤凰科学技术出版社,2015.

[5] 车生泉,于冰沁,严巍.海绵城市研究与应用:以上海城乡绿地建设为例[M].上海:上海交通大学出版社,2015.

[6] 宋中南,石云兴,等.透水混凝土及其应用技术[M].北京:中国建筑工业出版社,2011.

[7] 中华人民共和国住房和城乡建设部.透水砖路面技术规程:CJJ/T 188—2012[M].北京:中国建筑工业出版社,2013.

[8] 中华人民共和国住房和城乡建设部.透水水泥混凝土路面技术规程:CJJ/T 135—2009[M].北京:中国建筑工业出版社,2010.

[9] 冯德成,解晓光.环境友好型路面铺装技术[M].北京:科学出版社,2013.

[10] 陈莘,聂浩,潘尚昆,等.透水混凝土路面基层的配合比优化及性能试验[J].混凝土,2019(6):144-146.

[11] 丁伟.透水铺装在海绵城市中的应用[J].绿色环保建材,2018,134(4):137.

[12] 徐行军.基于CT扫描试验的透水混凝土孔隙分布特征研究[J].硅酸盐通报,2019,38(11):3670-3674.

[13] 董星海,康爱红,徐雪玲,等.透水混凝土阻滞路面径流污染物的效应[J].科学技术与工程,2019,19(8):250-255.

[14] 赵飞,张书函,陈建刚,等.透水铺装雨水入渗收集与径流削减技术研究[J].给水排水,2011,37(S1):254-258.

[15] 王俊岭,王雪明,张安,等.基于"海绵城市"理念的透水铺装系统的研究进展[J].环境工程,2015,33(12):1-4,110.

[16] 刘月琴,林选泉.人行空间透水铺装模式的综合设计应用:以陆家嘴环路生态铺装改造示范段为例[J].中国园林,2014,30(7):87-92.

[17] 于搏海,施勇涛,王贤萍,等.透水铺装透水性能的评价及养护技术研究[J].给水排水,2020,46(6):102-106.

[18] 赵远玲,王建龙,李璐茵,等.不同类型透水砖对雨水径流水量的控制效果[J].环境工程学报,2020,14(3):835-841.

[19] 李美玉,张守红,王云琦,等.不同清理方式对北京市透水砖铺装渗透率衰减过程影响[J].北京林业大学学报,2020,42(3):143-150.

[20] 杨静.建筑材料与人居环境[M].北京:清华大学出版社,2001.

[21] 李俊奇,张哲,王耀堂,等.透水铺装设计与维护管理的关键问题分析[J].给水排水,2019,45(6):26-31.

[22] 王俊岭,张亚琦,秦全城,等.一种新型透水铺装对雨水径流污染物的去除试验研究[J].安全与环境学报,2019,19(2):643-652.

[23] 王波,李成.透水性铺装与城市生态及物理环境[J].工业建筑,2002,32(12):29-31.

[24] 姜福田.碾压混凝土[M].北京:中国铁道出版社,1991.

[25] 朱浩然,于明明,吴华菓.基于暴雨洪水管理模型的透水铺装结构对城市雨洪的影响模拟研究[J].公路,2019,64(1):65-72.

[26] 赵亮.城市透水铺装材料与结构设计研究[D].西安:长安大学,2010.

[27] 宗晓军,杨杨,项晓睿.聚合物对生态透水砖性能影响的研究[J].新型建筑材料,2007,34(8):57-59.

[28] 余静茹,倪彤元,杨杨,等.透水性铺装层研究进展[J].城市道桥与防洪,2017(12):19-25.

[29] 倪彤元,杨杨,孔德玉,等.杭州气候条件下城市透水沥青混凝土路面的温度[J].城市环境与城市生态,2009,22(1):42-44.

[30] 倪彤元,胡康虎,何锋.降雨条件下透水混凝土渗透性能研究[J].城市道桥与防洪,2011(11):137-138.

[31] 倪彤元,邰惠鑫,江晨晖.多孔性混凝土铺装层吸声性能研究[J].新

型建筑材料,2014,41(3):17-19.

[32] 胡康虎,倪彤元,孔德玉,等.暴雨强度在透水沥青铺装层设计中应用[J].城市道桥与防洪,2010(4):93-95.

[33] 王锡峰,张江涛,游潘丽,等.成型方式对透水混凝土强度及透水性能的影响研究[J].混凝土,2020(8):143-146.

[34] 陈尚权,高越青,梁超锋,等.透水再生骨料混凝土研究进展[J].硅酸盐通报,2020,39(1):150-156.

[35] 鲁轲,雷智鹞,陈徐东,等.模拟雨水下堵塞材料对透水混凝土渗透性的研究[J].水利水电技术,2020,51(5):162-167.

[36] 徐仁崇,桂苗苗,龚明子,等.不同成型方法对透水混凝土性能的影响研究[J].混凝土,2011(11):129-131.

[37] 赵远玲,王建龙,李璐菡,等.不同类型透水砖对雨水径流水量的控制效果[J].环境工程学报,2020,14(3):835-841.

[38] 张佳炜,刘勇,金建荣,等.透水砖铺装的设施构造对运行效果的影响[J].环境科学,2020,41(2):750-755.

[41] 谢敏,高丹,刘小波,等.利用给水厂污泥制备透水砖的实验研究[J].环境工程学报,2013(5):1925-1928.

[40] 张雄,王啸夫.若干因素对透水砖性能影响机理的研究进展[J].材料导报,2019,33(23):3949-3954.

[41] 侯立柱,冯绍元,韩志文,等.透水砖铺装地面垫层结构对城市雨水入渗过程的影响[J].中国农业大学学报,2006,11(4):83-88.

[42] 幺海博.透水铺装控流截污试验及其设计应用研究[D].北京:北京建筑大学,2013.

[43] 张玉玉.高效渗透减排透水铺装对径流的控制研究[D].北京:北京建筑大学,2015.

[44] 韩理亚.城市道路透水铺装透水功能设计计算与应用研究[D].青岛:青岛理工大学,2014.

[45] 安关峰.绿色道路施工技术指南[M].北京:中国建筑工业出版社,2015.

[46] 郭再斌,张书函,邓卓智.奥运场区雨水利用技术研究[M].北京:中国水利水电出版社,2012.

[47] 刘海峰.环境友好型植物生长多孔混凝土的研究与应用[D].南京:东南大学,2004.

[48] 张贤超.高性能透水混凝土配合比设计及其生命周期环境评价体系研

究[D].长沙:中南大学,2012.

[49] 刘星雨.透水混凝土抗冻性的影响因素研究[D].哈尔滨:哈尔滨工业大学,2012.

[50] 颜小波.多孔生态混凝土的制备与性能研究[D].济南:济南大学,2013.

[51] 吴震.EPS多孔混凝土力学性能试验及三维数值模拟研究[D].上海:上海交通大学,2012.

[52] 杨杨,程娟,郭向阳.关于透水混凝土的孔隙率与透水系数关系的探讨[J].混凝土与水泥制品,2007(4):1-3.

[53] 程娟,杨杨,陈卫忠.透水混凝土配合比设计的研究[J].混凝土,2006(10):81-84.

[54] 程娟,李伟,郭向阳.透水砖的研制及应用[J].混凝土,2009(4):120-121.

[55] 程娟,郭向阳.水灰比在采用体积法进行透水混凝土配合比设计中的作用[J].混凝土,2008(8):88-90.

[56] 程娟,郭向阳.金华五大海绵示范区的目标探索[J].新型建筑材料,2017,44(3):38-40.

[57] 程娟,郭向阳.粉煤灰和矿粉对透水混凝土性能的影响[J].建筑砌块与砌块建筑,2007(5):27-30.

[58] 程娟.透水混凝土配合比设计及其性能的实验研究[D].杭州:浙江工业大学,2006.

后记

本书延续了我在浙江工业大学攻读硕士学位时对透水混凝土的研究,历时15年,我见证了我国透水铺装从无到有,透水铺装技术的进一步成熟到透水铺装应用的推广。在这些年透水铺装的资料积累过程中,我得到了老师和朋友的帮助,甚至还得到了我曾经教授的、已经毕业的学生的帮助,在此致以特别的感谢。

首先,感谢恩师杨杨教授,恩师对我的求学道路产生了深刻影响。恩师是透水铺装领域的翘楚,他深厚的学识、严谨的治学态度以及富有远见的理念和脚踏实地的研究精神,都使我受益匪浅。恩师执著严肃的钻研精神,激励着我在透水铺装研究的道路上不断前行。也感谢曾经一起的师兄弟们,无论在浙工大还是离开浙工大,我都可以感受到他们带给我的鼓励和支持。

其次,我要感谢调研透水铺装应用期间遇到的单位和朋友们,尤其是浙江寰龙环境科技有限公司、浙江东阳同力服装有限公司、中天建设集团有限公司等,他们为我提供了非常珍贵的资料和建议,并带我实地考察相关项目,调研期间积累的案例为本书奠定了基础。我也要感谢我的教师职业,调研期间遇到相关工程岗位很多优秀毕业学生,他们在透水铺装方面积累的实践应用经验都毫无保留地与我分享。

另外,我要感谢我的工作单位浙江广厦建设职业技术大学,学校为我提供良好的研究环境,在学校领导和同事的鼓励下我才能完成本书的写作,直到出版。感谢学校给予本书的出版资助。东南大学出版社为本书的出版发行做了大量工作,编辑们付出了辛勤的汗水。

最后,特别感谢我的家人,他们总是默默支持我,无论结局如何。我的先生不论严寒酷暑,只要有空就会陪伴我下工地调研,对我的书稿提出各种建议和意见,没有他,我的书稿不知何时问世。我的女儿也需要我的陪伴,但在我忙于书稿期间,她学会更好独立自主以此默默支持我,在我比较郁闷期间也会陪我散步。

  心理学家罗洛梅说过,一个人无法摆脱人类的所有痛苦,但我们有一个这样的机会,用一颗包容的心,接纳生命中的每一个境遇,并懂得一个人在生活中遇到障碍或者烦恼,不一定就是坏事。一粒沙能让一只牡蛎制造一颗珍珠……书稿进行的过程,也是我的一个自我成长历程,随着透水铺装技术的不断成熟,我也更好克服了自己的完美情结。透水铺装不是海绵城市的全部,海绵城市也不能解决如今城市的所有问题,但它们的存在都使得我们的城市更加环保更加趋向于大花园。随着透水铺装技术的不断应用,历经实践之后,透水铺装技术可以更好发展更好完善,而今趋于成熟。不经历风雨,怎能见彩虹?所谓宝剑锋自磨砺出。

  本书所论述的透水铺装试验性能研究部分内容,虽然是我 2006 年在浙江工业大学做硕士论文期间的大量数据,但是关于透水混凝土配合比设计的原理,先采用体积法进行初步配合比设计,采用"跳桌法"确定水灰比,根据强度、透水系数等指标进一步确定配合比。这样的配合比设计过程,至今没有变化。而今很多实际现场施工的图纸关于透水铺装指标仅有一个强度及透水性要求,而施工现场对透水铺装的透水性及强度多根据经验判断,验收时相关指标检测方案尚不完善。当时我采用的透水仪为自制铁质仪器,较为笨重。现在统一规范为玻璃或塑料材质,并且有刻度,相对来说更为精确。当时我检测透水性的方法,和现在标准的检测方法相一致。经过现场调查了解,我们可以知道关于透水混凝土的检测,基本上还是停留在大量的研究人员的专项实验数据检测中,还没有形成实验验收的一个普及化。综上所述,笔者 2006 年期间所做论文积累的大量数据及实验方法,数据可靠,参考价值极大。当然,如果能够增加对透水混凝土使用之后的温降、降噪、蓄水量、使用后淤堵清理等调查分析的更多调研分析数据,资料会更为充实。这也是我今后的研究方向。

  本书所取案例均为现场调研,受时间和精力的限制,不能对浙中地区所有透水铺装进行调研,有一定片面性。本书所取案例均来自自身资源,受自身资源限制,所选案例的典型性和笔者的眼光有密切关系,案例典型性有待进一步商榷。另外,受仪器和时间的限制,透水铺装的蓄水性、蒸发性、降噪、缓解城市热岛效应等持续效应没有拿出说服力强的数据,有待下一步完善,也是笔者今后的研究方向。相信本书再版时,书中章节的安排、内容的写作、案例的典型性会更加完美。也恳请广大读者在阅读和使用本书过程中多提宝贵意见,以利于再版时修订。

程 娟

2020 年 12 月 31 日